KB072165

주식 부자 프로젝트

하루 만 원으로 시작하는

주식 부자 프로젝트

채상욱 지음

비에이블
B.able

추천의 글

주식 투자를 하면서 느끼는 가장 큰 고민은 '내가 산 주식이 참 좋은 회사의 주식인 것 같은데 왜 주가가 오르지 않는 것일까' 하는 것이다. 별로 좋은 회사처럼 보이지 않아 사지 않았던 회사의 주식이 계속 오르는 것도 투자자들을 늘 괴롭히는 의문이다. 이 책은 증권사 베스트 애널리스트 출신인 채상욱 작가가 지난 10년간의 경험을 바탕으로, 많은 주식 투자자들이 갖는 질문에 제대로 된 답을 해주는 책이다. 그 자신도 처음에는 투자의 원칙을 몰라 투자금을 모두 날린 적도 있다 하니 어쩌면 더욱 공감하며 책을 읽을 수 있을 것이다.

———— **이진우(〈삼프로TV〉, 〈손에 잡히는 경제〉 진행자)**

채상욱 작가는 깊이 있는 이야기를 쉽고 논리적으로 전달하는 애널리스트다. 특히 바이럴 정보에 의해 쉽게 좌우되는 부동산 시장에서 그의 분석력과 전달력은 빛이 났다. 그런 그가 이제 본업인 주식에 대해 누구나 이해할 수 있는 일상의 언어로 말한다. '채상욱'이라는 내음이 듬뿍 묻어나는 책이다.

————————— 오건영(신한은행 부부장, 《부의 대이동》 저자)

채상욱 작가와는 한 독서클럽에서 인연을 맺게 되었다. 그 자리에는 투자에 대한 지식이 충분하지 않은 이들도 여럿 있었다. 때로는 밑도 끝도 없는 질문에 지칠 법도 한데, 그는 어떠한 의견에도 귀를 기울이고 차분하게 토론을 이끌어갔다. 덕분에 혼란스럽게 시작한 모임은 어느새 뜻깊은 배움과 함께 마무리되었다. 이 책을 읽으면서 그때의 기억이 떠올랐다. 투자와 금융이 낯설고 서툰 독자라도, 채상욱 작가가 이끄는 길로 따라간다면 분명 더 나은 투자의 길로 나아갈 수 있을 것이다.

————————— 김단테(이루다투자일임 대표, 《절대수익 투자법칙》 저자)

목차

1장 부자를 만드는 투자, 가난을 만드는 투자

2장 당신이 알고 있는 투자 원칙은 틀렸다

10배, 100배
주식으로
부의 가속페달을 밟아라

코로나19가 전 세계적인 위기를 몰고 오면서 이제 마스크를 쓰는 삶이 일상이 됐다. 그리고 위기가 생각보다 길어지면서, 일상생활을 영위할 수 있다는 것이 얼마나 소중한지 느끼고 있는 중이다.

코로나19로 인한 거대한 변화는 주식 시장에 먼저 찾아왔다. 역사상 가장 빠른 속도의 주가 폭락과 사상 최고 수준의 유동성 공급 그리고 거짓말 같은 반등이 불과 몇 달 사이에 나타난 것이다. 물론 아직까지 시장이 완벽하게 회복된 것은 아니지만 그래도 팬데믹으로부터 벗어나고 있다는 신호는 나타나고 있다. 그리고 이러한 급격한 변화는 주로 '언택트' 즉, 비대면 관련 사업 기업들이 주도하고 있고 동시에 개인들이 주식 투자에 그 어느 때보다 적극적으로 뛰어들고 있다. 언론에서는 이를 '동학 개미 운동'이라는 재

미있는 이름으로 부르기도 했다.

최근 주가가 오른 이유로 언택트와 개인 투자 그리고 유동성에 대해 이야기한다. 그런데 과연 이게 다일까.

주식 시장을 뒤흔들고 있는 거대한 변화

시장이 회복되고, 나아가 상승하는 현상은 미국에서만 벌어지는 일이 아니다. 한국 역시 코로나가 관통하던 시기에 코스피가 1,400포인트 수준까지 급락했다가 최근 2,400포인트 수준까지 거의 쉬지 않고 올랐다. 주가가, 지루하던 2,000포인트의 박스피를 관통하고 상승하기 시작한 것이다.

2020년 8월 11일 코스피 지수가 2,400포인트를 넘기고 코스피와 코스닥을 합쳐 시가총액 2,000조 원을 사상 두 번째로 달성하게 되면서(첫 번째는 2018년 1월이었다), 한국 주식 시장에 뭔가 거대한 변화가 나타나고 있다는 것을 느끼는 사람들이 점차 많아지고 있는 듯하다.

최근 미국의 수소 트럭 제조업체인 니콜라가, 현대자동차와 협업하고 싶다는 인터뷰가 공개되면서 현대자동차의 주가가 하루만에 약 16% 상승했다. 겨우 인터뷰 하나 때문에 주가가 이렇게 오른 것일까. 사실 인터뷰는 표면으로 드러난 일일 뿐, 주가가 올랐다는 것은 현대자동차가 오랜 기간 수소자동차 제조 기술을 확보하고 있었음을 글로벌하게 인정받았다는 증거다. 즉, 그간 한국 기업이라서 평가 절하됐거나 글로벌 투자자들에게 제대로 평가받지 못했던 포인트들이 인정받게 된 것이다.

LG화학의 주가는, 글로벌 전기자동차를 생산하고 자율주행을 선도하는 테슬라의 주가와 사실상 동행하듯 움직이고 있다. LG화학이 배터리 사업을 시작한 지는 아주 오래되었는데, 이제 그 성과가 나타나기 시작하고 글로벌 기업들과의 협력이 본격화되면서 재평가받은 것이다. 그 결과 2020년 한 해에만 LG화학의 시가총액이 두 배 이상 올랐다.

플랫폼 기업인 카카오는 2020년 한 해 동안 두 배 넘는 주가 상승을 보였다. 네이버도 18만 원 수준에서 30만 원 수준까지 주가가 올랐다. 이들 플랫폼 기업은 본격적으로 수익이 나기 시작하면서 재평가를 받았다.

엔씨소프트 역시 50만 원대 수준에서 90만 원대까지 주가가 치솟았다. 이는 놀라운 일이 아니다. 이 책을 통해 자세히 설명하겠지만, 이러한 현상은 모바일 게임 대작을 만든 전 세계의 게임사들이 동일하게 받아온 평가일 뿐이다.

엔터테인먼트 기업인 JYP엔터테인먼트의 주가는 어떨까. 트와이스의 성공 이후 새로운 성장 동력을 잘 보여주지 못했다가 최근 그룹 '니쥬NiziU'를 성공적으로 데뷔시키며 새로운 패러다임을 개척하고 있다.

개미들이 사랑하는 기업 삼성전자도 모바일·반도체 메이커로

서 가치 평가를 받고 있지만, EUV 기술을 활용한 글로벌 톱 파운
드리 기업으로서 평가받기 시작한다면 추가적으로 상당한 주가 성
과를 낼지도 모른다.

국내 바이오 기업들은 해외로 기술 수출을 하거나 SK바이오
팜같이 기술 독립을 이뤄내면서 질적인 재평가를 받기 시작했다.

지금까지 언급한 대형 기업의 주가가 단기간에 급상승해 보이
는 것도 사실이다. 또 2015년이나 2017년과 달리 대형주가 상승
하고 있다는 점도 지금까지의 주식 시장과는 무언가 다르다는 생
각이 들게끔 한다.

우리가 다 아는 유명 기업들의 주가가 1년 안에 두 배 혹은 몇
년 만에 10배나 상승하는 것을 보면 어떤 생각이 드는가. 이러한
흐름이 단순히 유동성의 힘만으로 가능한 것일까. 물론 시가총액
이 몇백억 원에서 몇천억 원 수준의 기업이라면 가능할지도 모른
다. 그러나 시가총액이 수조 원에서 수십조 원에 이르는 기업의 주
가가 이렇게 단기간에 급상승하는 것은 그 기업 혹은 그 산업에 질
적인 변화가 나타났다는 의미다. 즉, 한국의 주요 대형 기업들 나아
가 한국의 산업 그 자체에 무언가 질적인 변화가 나타나기 시작한
것이다.

부의 기회, 올라탈 것인가 또 놓칠 것인가

나는 지난 10년간 주식 시장에서 상장 기업을 분석하는 애널리스트로 일해왔다. 애널리스트가 되기 전에는 주식 투자를 좋아하는 평범한 직장인이었다. 주식에 대해 열심히 공부했고, 투자에 대한 자신감도 있었다. 그런데 실제로 제대로 투자했냐 하면 그랬다고 말할 수는 없을 것 같다. 직장 생활을 하면서 겨우겨우 모았던 투자금을, 2008년 글로벌 금융 위기에 대부분 손실하면서 직장인 투자자로서의 생활을 마무리했기 때문이다.

그 후 우연인지 운명인지 금융시장에 들어오게 되었고 애널리스트로 일하면서, 이전의 투자에서 무엇이 잘못되었는지 차근히 배워나갔다. 그러다 애널리스트로서 변환점을 맞이하게 됐는데, 2013~2015년 한샘이라는 기업을 조사 분석하면서다.

그때 한샘은 만 2년 동안 주가가 10배 상승한다. 나 또한 그 2년 동안 기업, 기관, 소비자 등을 다각도로 만나고 고성장 기업의 목표 주가에 대해 연구하면서, 처음으로 질적으로 변하는 기업의 주가가 어떤 패턴으로 움직이는지를 경험하게 된다. 이후 한국 주식 시장에서 2~3년 동안 약 5~10배 이상 상승한 초고속 성장 기업들을 목격하고, 분석하고, 동료 애널리스트들의 도움을 받아 정리한 책이 바로 이 책이다.

그동안 나는 대중들에게 부동산 전문가로 더 알려져 있었다. 주로 분석해온 산업이 건설업이었고 건설업의 전방 산업이 부동산, 특히 주택 산업이다 보니 자연스러운 현상이었을지 모른다. 하지만 내 본업은 주식 시장의 상장 기업을 분석하는 일이다. 그런 의미에서 이 책을 통해 나의 전공 분야 지식을 소개할 수 있게 되어 몹시 반갑다.

이 책은 비교적 날이 살아 있는 현직 출신 애널리스트가 주식 시장의 상장 기업에 어떻게 투자해야 할지를 설명한 희소한 책일 수도 있다. 물론 나와는 비교가 안 되는 투자 경력, 투자 성과, 투자 철학을 가지고 있는 투자자들이 많기 때문에 주식 투자에 대한 책을 출간하는 것에 대한 조심스러움도 앞선다.

그러나 이 책은 약 20년 전의 나, 즉 이제 막 직장인이 되어 '어떻게 하면 한 푼이라도 더 빨리 모아서 내 집을 마련할 수 있을까' 고민하며 아등바등하는 분들께 도움이 되길 바라며 쓴 글이다.

개인적으로 2020~2023년을 전후로 한국에 거대한 금융 투자의 시대가 올 것이라고 예상한다. 제도적·상황적 여건들이 점차 마련되고 있고, 근본적으로 한국의 주요 기업들이 질적으로 달라지고 있기 때문이다. 그런 의미에서 지금은 주식 투자라는 거대한 부의 기회를 내 것으로 만드는 기술을 반드시 습득해야 하는 시기라고 생각한다.

이 책은 총 네 개의 장으로 구성됐다.

1장에서는 나의 개인적인 투자 경험을 통해, 부자를 만드는 주식 투자와 가난으로 이끄는 주식 투자의 차이에 대해 설명했다. 특히 직장인 투자자라면 반드시 읽고 알아야 할 내용이다.

2장은 시장에 퍼져 있는 주식 투자에 대한 오해와 잘못된 투자 원칙에 대해 다뤘다. 2장을 읽다 보면 주식 투자에 대한 패러다임이 바뀔 것이다.

3장에서는 10배, 100배 성장 가능성이 있는 산업과 기업을 소개한다. 어쩌면 산업별 성장 스토리일 수도 있다. 이 책에서 가장 중요한 내용으로, 해당 산업이나 기업 주가에 밀접한 영향을 주는 키팩터가 무엇인지 알아보고, 투자의 미래를 예측하는 능력을 키우기 위해 썼다.

4장은 달라진 시대에 투자자로 살아가는 방법과 투자자라면 기본적으로 알아야 하지만 소홀하기 쉬운 자산 배분 전략에 대해 다뤘다.

이밖에 초보 투자자를 벗어나 주식 고수를 꿈꾸는 투자자를 위해, 가치 평가의 거장 다모다란 교수의 밸류에이션 방법을 소개한다. 이 내용을 읽는다면 누구나 내가 투자하고 싶은 기업의 주가를 예측해볼 수 있을 것이다.

이 책이 모든 산업과 기업에 대해 설명하기는 어려울 것이다. 하지만 이 책을 통해 10배, 100배 성장주에 대한 아이디어를 얻고, 나만의 투자 원칙을 세우고, 높은 투자 성과를 올리는 법을 공부하다 보면 주식 투자가 정말로 즐거워질 것이다.

독자들에게 도움이 되기를 바라며.

채상욱

1장

부자를 만드는 투자, 가난을 만드는 투자

투자하지 않는 사람은
없다

대기업에 입사한 지 6개월쯤 되던 때였다. 동기들끼리 연봉, 저축 이야기를 한창 하고 있었는데 당시 나보다 두 살 많던 동기형이 불과 6개월 만에 1,000만 원을 모았다고 하는 것이다.

1,000만 원. 당시 부모님께 드리던 생활비와 빌라 월세를 제외하고, 술도 안 마시고 겨우 밥만 먹으며 모은 돈이 200만 원이 안 되었던 나에게는 큰돈이었다. 그런데 나보다 씀씀이도 커 보이던 동기가 6개월 만에 1,000만 원을 모았다니.

"형, 도대체 어떻게 돈을 모은 거예요?"

"너, 재테크 안 하니? 돈 공부 좀 해라."

이 질문이 내 투자 인생의 시작이었다.

돈 공부라니? 공부라면 전공 공부밖에 몰랐던 나는, 돈도 공부해야 하는 대상이라는 것을 다소 받아들이기 힘들었다. 그런 나에게 형은《부자 아빠 가난한 아빠》라는 책을 추천했다.

평소라면 관심 갖지 않을 제목이었지만 그 형이 추천했기에 사서 읽었다. 책의 주요 내용은 결국 돈을 벌기 위해서는 돈의 생리를 알고, 자본시장과 투자에 대해 공부해야 한다는 것이었다. 좋은 회사에 들어가서 평생직업을 가지면 돈 걱정 안 해도 될 것이라는 내 생각이 깨지기 시작했다. 돈을 벌려면 투자를 해야 했다.

그때부터 동기들에게 관련 도서를 추천받으며 닥치는 대로 읽기 시작했다. 그중 한 동기가 주식 투자 책을 추천해줬는데 바로 핀터 린치의《전설로 떠나는 월가의 영웅》이라는 책이었다. 피터 린치 책을 읽고 나자, 자연스럽게 주식 투자의 매력에 완전히 빠졌다. 이후에는 워런 버핏과 관련된 투자서를 읽었고, 워런 버핏 책을 다 읽고 나니 읽는 책의 스펙트럼이 넓어지기 시작했다. 당시에는 투자와 관련한 많은 번역서가 출간돼 있었고, 또 많은 사람이 그런 책을 읽었다.

당시 2000년대 초반은 1990년대 말의 닷컴버블을 포함한 세기말적 분위기가 지나가고, 밀레니얼 시대가 개막하면서 긍정의 기운이 전 세계를 지배한 시기였다. 글로벌 자산 시장도 지속해서 상승하는 대세 상승장이 펼쳐졌다. 한국 주식 시장에도 공모 펀드(이하 펀드)가 등장하면서 새로운 시대가 개막했다. 바이 코리아 Buy Korea 또는 미래에셋의 시대였다. 펀드 매니저나 기업을 분석하는 애널리스트들이 수억 원의 연봉을 받는다고 소문났고, 그들이

금융 시장의 별이었다. 회사에서 일만 할 때는 몰랐지만, 눈을 돌려 투자의 세계에 들어와 보니 펀드와 주식 시장이라는 완전히 새로운 세계가 펼쳐진 것이었다.

'와, 이렇게 멋진 세상이라니! 이렇게 큰돈이 오고 가다니!'

나도 열심히 투자해서 돈을 벌어야겠다는 생각이 몰려왔다.

약 500여 권이 넘는 책으로 투자에 대해 배우고, 투자 구루들의 생각을 접하고 나니 나 역시 투자 구루가 된 느낌이었다. 동기들 중 나보다 투자 관련 책을 많이 읽은 사람은 없거나 적었다. 또 나만큼 적극적으로 투자를 하는 사람도 적었다. 그래서 나는 우쭐해졌고, 투자에 대한 자신감도 커졌다. 이제 투자로 돈을 벌 수 있을 것 같은 생각이 들었고, 누구도 말리기 어려운 상태였다. 무엇보다 이 모든 것을 다 경험한 나는 여전히 20대였다.

현명한 투자자라는 착각

2005년 당시 1,000포인트를 넘긴 코스피 지수는 2007년 2,000포인트를 넘어 급상승하기 시작했다. 시장 전체 지수가 2배 올랐다면 개별 종목은 10배 넘게 상승한 종목도 있었다. 특히 2004년부터 2008년까지는 중국의 설비 투자 사이클 수혜 종목들이 특히 초과 상승하던 때였다. 차화정(자동차·화학·정유)으로 대표되는 기업들과 조선업종, 건설업종 등의 주가가 (지금의 나스닥 기업들처럼) 굉장한 수준으로 상승했다.

주식 시장이 좋다 보니 투자하고 싶은 마음은 굴뚝 같았다. 그런데 직접 투자를 할지, 펀드에 가입할지 고민스러웠다. 그러다가 '내 돈을 펀드에 맡길 필요가 있을까?'라는 자신감 넘치는 생각이 들었다. 직접 투자로 돈 벌 자신이 있었다. 물론 그러기 위해서 낮에는 회사에서 일하고 밤에는 공시자료를 출력하고, 사업보고서를 보고, 노트북의 HTS를 켜서 각 종목의 주요 정보와 관련 뉴스들을 찾아봐야 했다. 지극히 평범한 개미였던 나는 당시 스스로를 스마트한 개미라고 생각했고, 투자에 있어서는 현명한 투자자라고 여겼다. 상장된 종목을 훑어보면 다 이해가 되는 것 같은 착각에 빠졌다.

투자 성과는 당연히 좋을 수밖에 없었다. 아무거나 사도 오르던 시장이었기 때문이었다. 아쉬운 점은 SNS나 유튜브가 없던 시대였기 때문에 개인 투자자들이 투자 아이디어를 찾는 일이 쉽지 않았다는 것이다. 아이디어 교류가 어려우니 자신의 생각을 맹신하고 그것이 전부인 줄 착각하고 투자하는 현상이 나타날 수밖에 없었다. 우물 안 개구리 같은 생각이 들어도 확인할 방법이 없었다.

어느 날 개인 투자자들의 스터디 모임에 나간 적이 있다. 그 모임에서 투자를 잘하고 돈도 많이 벌었다는 사람에게서 투자 아이디어를 하나 듣게 됐다. 꽤 솔깃한 아이디어였다. 추천은 받았지만 판단은 내 몫이었기에 직접 종목을 분석했다. 사업보고서와 재무제표를 보고, 사업 내용을 읽고, 네이버 카페나 팍스넷 사이트의 커뮤니티 탭의 글도 모니터링하고, 기업 관련 뉴스도 검색했다. 할 수 있는 것은 다 했다. 결론적으로 그 종목은 모든 점에서 나무랄 데 없는 종목처럼 느껴졌다. 운이 좋은 건지 나쁜 건지, 공교롭게도 그 기업은 당시 내가 일하던 건설 현장과도 연관이 있었다. 실제 건설 현장에서 만난 발주처의 구매 담당자에게서 그 기업이 꽤 괜

찮은 기업이라는 정성적 평가도 듣게 된 것이다. 이런 기업이라면 그때까지 모았던 모든 자금을 투자해볼 만하다는 생각이 들었다. 투자 인생 최초의 올인이었다.

확신이 들자 실행에는 거침이 없었다. 이미 투자 중인 금액 외에 당시 살고 있던 오피스텔의 전세를 월세로 전환했다. 전세금까지 끌어모아서 투자하고 싶었기 때문이다. 그렇게 전세금까지 투자 재원으로 활용했다.

2007년 11월, 대선을 앞둔 이명박 후보가 747 공약을 들고 나왔다. 연평균 7% 경제 성장, 10년 뒤 1인당 소득 4만 달러, 세계 7대 강국 진입이라는 공약을 내걸었는데, 공약만큼은 마음에 들었다. 주식 시장은 3,000포인트까지 갈 것이라는 과감한 발언도 나왔다. 투자하기에 모든 것이 완벽해 보였다. 그때 내 나이 서른이었다.

스스로 30대가 되면 경제적 독립을 이루거나 부자가 되는 길에 올라 있을 거라고 확신했기 때문에, 올인 투자를 하고 행복한 미래를 상상하는 2~3개월이 너무 행복했다. 그리고 2008년 5월이 찾아왔다. 나심 니콜라스 탈레브가 말한 '블랙스완'이 온 것이다.

10년간 모은 자산의 90%를 날리다

"You're completely sure of the math?(너 그 계산 정말 확실해?)"

영화 〈빅쇼트〉의 주인공 중 한 명인 자레드 베넷(라이언 고슬링)은, 미국 모기지는 8% 연체가 발생하면 디폴트가 되는데 벌써 4%에 도달한 상태라며 곧 디폴트가 올 거라 이야기한다. 그리고 지금이 주택 시장 붕괴에 투자할 기회라고도 말한다. 그러자 그 말을 듣던 상대방이 이렇게 묻는다. "너 그 계산 정말 확실해?"

투자에 있어서 확실해 보이는 것만큼 경계해야 하는 것도 없다. 투자란 확률이 높은 쪽을 선택하는 과정이지, 확실한 것을 찾는 과정이 아니기 때문이다.

2008년 글로벌 금융 위기 직전에 모든 돈을 주식에 투자했던 나는 확신으로 가득한 상태였다. 이 기업의 주가는 무조건 상승한다는 확신이었다. 그러다 글로벌 금융 위기가 급작스럽게 찾아왔다. 2007년부터 미국 서브프라임 모기지 부실화에 대한 이야기가 있었으나, 그해 말이 되자 시장이 어느 정도 잘 봉합되는 듯했다. 그렇게 시장은 한바탕 작은 홍역을 치르고 이내 다시 정상화가 되는 줄 알았다. 그런데 2008년이 되면서 시장에 충격이 찾아오기 시작했고, 5월은 악몽 그 자체였다. 붕괴라는 단어가 가장 잘 어울리는 상황이었다.

2008년 1월 22일부터, 미국 연방준비제도이사회(이하 연준)의 의장 벤 버냉키가 FOMC(연방공개시장위원회) 회의를 열어 기준 금리를 기존 4.25%에서 3.5%로, 0.75%포인트 인하한다. 그리고 불과 8일 후인 1월 30일, 연준은 추가로 기존 금리를 0.5%포인트 인하한다. 2월이 되자 미국 의회는 1,680억 달러 규모의 경기 부양안을 승인했고, 1,300만 미국 가구가 300~1,200달러의 세금 환급을 받도록 조치한다. 이토록 적극적인 부양책을 쓴 이유는 시장이 너무도 빨리 붕괴했기 때문이다.

그해 3월, 미국 투자은행 베어스턴스의 파산이 임박하자 미국 의회가 베어스턴스에 대한 긴급 자금을 지원하고, 3월 16일 J.P.모건체이스앤드컴퍼니가 베어스턴스를 헐값에 인수한다. 이달 3월 18일, 연준은 기준 금리를 3%에서 2.25%로 또 0.75%포인트 인하한다. 1월 22일 4.25%였던 기준 금리는 3월 18일 2.25%가 되었고 다시 두 달 만에 인하되었다.

2008년 9월, 미국 투자은행인 리먼브러더스도 파산한다. 같은 달, AIG 금융그룹은 신용등급 하락으로 하루 만에 주가가 33% 급락하는 일이 벌어진다. 9월 15일, 결국 리먼브러더스는 아무도 인수하지 않게 되면서 최종적으로 파산하게 된다.

이렇게 금융 시장 역사의 한 페이지를 장식하는 긴박한 변화 속에서 국내 증시도 버틸 수 없었다. 당연히 내 포트폴리오도 정상일 수 없었다. 확신이 만든 욕망과 욕망이 만든 쏠림 투자로 인해 나는 금융 위기의 파고를 정상적으로 헤쳐나가지 못했고, 자산은 완전히 증발했다. 90%가 넘는 손실을 본 것이다. 20대부터 스스로 옥죄면서 모았던 10년간의 자산 90% 이상이 6개월 만에 사라졌다. 전액을 투자한 투자자 입장에서 투자 종목의 하락이 가파를 때 할 수 있는 일은 별로 없었다. 장기 투자로 극복할까 하는 생각도 들었지만 두 달도 되지 않아 나는 종목을 전량 매도할 수밖에 없었다. 잘못된 투자를 한 자신에 대한 원망이 매일 밤 나를 괴롭혔기 때문이다. 사회생활 4년 차에 찾아온 위기치곤 너무나 큰 블랙스완이었다.

단 한 번의 투자 성공으로도
부자가 될 수 있다

"저 사람은 몇십억 벌었대."

"저 사람은 몇백억 자산가야."

"저분은 몇천억을 벌었어."

비교적 젊은 나이에 수십, 수백억을 벌고, 남들이 보기에 자유롭게 생활하는 사람들이 가장 많은 곳은 아마 여의도일 것이다. 여의도에서 일하다 보니 투자에 성공한 이들의 이야기를 종종 듣는다. 그런데 수백억 자산가가 되면 평생 놀 것 같지만 대부분 원래 하던 일을 계속한다. 특히 투자가 업이고 그를 통해서 부자가 된 사람들은 투자가 그들의 일상이자 일이기에 여전히 현역 투자자인 경우가 많다. 워런 버핏이 현재 수십조 원의 자산을 가졌으면서도 지속해서 투자자의 지위를 유지하는 것이나, 조 단위(억 단위가 아니다)의 연봉을 받는 레이 달리오가 당장 은퇴해도 하등 이상할 게 없어 보이지만 여전히 세계 최대 헤지펀드인 브리지워터의 CIO^{Chief Infomation Officer, 최고 투자 전략 책임자} 라는 직업을 유지하는 것처럼 말이다.

여의도에서 10년간 애널리스트로 생활하면서 만났던 수많은 현역 투자자들, 특히 투자에서 성공한 사람들과의 지속적인 만남 덕분에 내 삶도 많이 달라졌다. 나 역시 그들의 성공적인 투자법을 어느덧 구사할 수 있게 됐기 때문이다. 이 과정에서 가장 크게 달라진 점은 평생을 따라다녔던 돈에 대한 부담에서 벗어날 수 있었다는 것이다.

나는 매월 가계의 재무 상태를 정리하곤 하는데 어느 순간 '아, 이제 더는 돈 걱정 안 해도 되겠구나'라는 생각을 하게 된 시점이 있었다. 글로벌 금융 위기발 파산으로 전 재산을 잃었던 서른한 살로부터 약 10년이 지난 시점이었다.

서른한 살에 모든 걸 잃었던 경험과 애널리스트로 일한 10년의 경험은 나로 하여금 가난을 극복하게 한 동력이었다. 무엇보다 투자의 성과를 높이는 것도 중요하지만, 절대 잃지 않는 투자를 해야 한다는 것을 뼈아프게 배웠다. 즉, 앞만 바라보는 투자에서 벗어나 여러 위험으로부터 자신을 지킬 수 있는 우산이나 방패를 준비하는 게 필요하다는 깨달음이었다. 누군가는 망해봐야 다시 일어선다는 말도 하던데, 막상 망하고 나면 다시 일어서는 게 너무나도 어려운 일이라는 것을 직접 경험했기 때문에 가능한 한 절대 망하지 말라는 말을 꼭 하고 싶다.

세상에 투자하지 않는 사람은 거의 없다. 어떤 계기든 투자의 기회는 반드시 찾아온다. 금전적으로 무언가를 사는 것만이 투자가 아니라, 자기 자신에게 하는 투자도 일종의 투자다. 그런 의미에서 세상 모든 사람은 투자자다.

그런데 이런 투자는 두 가지로 나눌 수 있다. 나를 가난으로 이끄는 투자와 부자로 만들어 주는 투자가 그것이다. 나는 이 두 가지 투자를 모두 경험할 수 있었다.

가난으로 이끄는 투자를 요약하면 다음과 같다.

① 책이든, 글이든, 유튜브든, 친구든, 무엇으로든 아이디어를 얻어 투자를 시작한다.
② 하락하여 손실을 기록한다.
③ 가치 투자를 하고 있다고 생각하며 더 투자한다.
④ 더 크게 물린다.
⑤ ②~④ 과정을 반복한다.
⑥ 망한다.

아주 심플한 과정이다.

투자의 대상이 무엇이든 상관없다. 당신이 무언가를 샀는데 그것의 가격이 점차 하락한다. 그런데 여전히 당신 눈에는 그 대상이 매력적으로 보이고 시장이 그 가치를 잘 알아주지 않는 것 같다. 손실이 났음에도 마치 자본을 추가 투입하는 것을 가치 투자로 생각하고 실행한다. 다시 하락한다. 이것을 두세 번 반복하면 사실상 자본이 남지 않는다.

솔직히 말해서 하락했거나 하락하는 종목, 그것도 하락한 상태가 변함없는데 투자금을 더 집어넣는 것만큼 바보 같은 일은 없다. 세상에, 하락하는 종목을 더 사다니! 말만 들어도 정신 나간 행동처럼 느껴지지 않는가.

산 시점보다 가격이 하락했다는 것은 정말 좋지 못한 신호다. 그리고 어느 순간이든 하락은 최대 100% 손실로 돌아올 수 있다. 하지만 정말 많은 사람이 하락한 종목을 더 사곤 한다. 그리고 나역시 그랬던 시기가 있었다.

이런 경우라면 자신의 투자 아이디어가 좋지 못하거나 생각이 틀렸거나 혹은 시장의 색깔을 잘 읽지 못했다고 판단해야 한다. 안타깝게도 사람은 자신이 틀렸다는 것을 쉽게 인정하지 못하는 법이다. 그러다 보니 잘못 배워서 잘못 투자하고, 그 투자를 고수하면서 자본을 날리고 최종적으로 가난에 이른다. 물론 이런 투자는 12년 전의 내가 그랬듯, 여러 번도 아닌 단 한 번의 실패로 자산의 90%를 날리게 할 수도 있다.

반면 나를 부자로 만드는 투자는 다음과 같다.

① 책이든, 글이든, 유튜브든, 친구든, 무엇으로든 아이디어를 얻어 투자를 시작한다.
② 오른다.

③ 잘되고 있으므로 더 투자한다.

④ 더 오른다.

⑤ ②~④ 과정을 반복한다.

⑥ 부자가 된다.

결국 가난으로 이끄는 투자와 부자로 이끄는 투자의 과정은 같지만 결과는 완벽하게 다르다. 그렇다면 이 차이는 어디에서 나오는 걸까. 어떻게 투자해야 할까. 이 책을 통해서 그 투자법을 제시하고자 한다.

지금이 바로
단숨에 자산을 늘릴 기회다

최근 주식 투자에 대한 관심이 커진 것 같다. 아마도 지금 부동산은 가격이 너무 많이 올라서 접근하기 어렵다고 느끼고, 그렇다고 예적금만 하자니 금리가 낮아 뭔가 손해 보는 기분이 들어 그런 듯하다. 그래서 주변에서 이런 질문을 자주 듣는다.

"주식 투자는 어떻게 시작해야 돼요?"

나는 일단 사고 싶은 종목들을 다 적어보고, 그 종목을 딱 한 주씩만 사보라고 권한다. 물론 한 주에 몇십만 원 하는 종목도 있고, 몇백만 원 하는 종목도 있다. 하지만 보통은 한 주에 몇만 원 수준이거나 1만 원 이하의 종목도 많다. 오히려 처음부터 수십, 수백만 원 하는 주식에 투자한다면 부담이 클 것이다. 또 그 주식 가격이 떨어지기라도 하면 멘탈이 흔들리기 쉽다. 그러다 보면 이런 생각이 들 것이다. '역시 주식은 도박이야…' '개미는 주식으로 돈 벌수 없어…' 그렇기에 이제 막 투자를 시작했다면 처음부터 큰돈을 투자하기보다 소액으로 시작하고, 차근차근 공부하기를 권하는 것이다.

그렇게 몇 개 혹은 몇십 개를 샀다고 하자(여기까지는 아마 소액 투자일 것이다). 시작은 어쩌면 좀 허접하고 근본 없는 포트폴리오일 수도 있겠다. 그래도 한 주 매수하고 나면 포트폴리오 전체는 물론 각 기업의 수익률이 매일 변하는 것을 느낄 수 있다. 그렇게 매일 변동하는 주가를 체감하다 보면 특정 기업의 주가가 유난히 크게 움직이는 날들이 있다는 것도 자연스럽게 알게 된다. 바로 그날은 해당 기업에 긍정적이거나 부정적인 이벤트가 생겨서, 이미 그 기업에 투자해온 사람들의 주식 거래가 활발해진 날일 것이다.

주식을 단 한 주만 갖고 있어도, 그런 이벤트가 생긴 날의 주가 변화를 하루 동안 체감할 수 있다. 그리고 이것은 투자자로서 가장 중요한 경험 중 하나다.

이런 경험이 쌓이면 산업이나 기업의 이익에 영향을 줄 만한 변수가 발생하고 주가가 움직이는 것의 상관성과 합리성이 느껴지는 순간이 생긴다. 바로 그 종목에 대해 좀 더 알게 된 순간이다. 예를 들어, 삼성전자 주가에 변화가 있다면 반도체 업황이나 전방 수요, 설비 투자에 대한 경쟁사의 이야기가 들려온 날일 수 있다. 엔터테인먼트 기업 주식에 변화가 생겼다면 글로벌 아티스트를 데뷔시킨 날일 수도 있다. 2차 전지 관련 기업 주식에 변화가 생겼다면 전기자동차 판매량이 급증한 순간일 수 있다. 게임 기업이라면 신작을 출시해서 서버가 미어터졌을 수도 있다.

뭐가 되든 좋다. 어쨌든 주가가 유난히 크게 오르내릴 때, 그때는 어떤 변화가 나타난 순간이고, 이런 이슈들이 주가를 움직인다는 것을 파악하면 그 기업에 대한 투자 이해도도 비약적으로 상승한다. 그리고 이 모든 변화는 단 한 주의 주식으로부터 시작된다. 주식을 보유하다 급격한 가격 변화가 생기면 그 이유를 찾고, 그러기 위해 뉴스 등을 찾아보면서 주가가 왜 움직이는지 자연스럽게 알게 되는 것이다.

모든 변화는 단 한 주의 주식에서 시작한다

관심 있는 기업의 주가 흐름이 눈에 잘 보이고, 그 이유를 논리적으로 설명하는 것이 가능해진다면 이제 당신은 투자자가 된 것이다. 그리고 그때부터는 많은 것이 달라진다.

일단 투자 전략을 수립할 수 있게 된다. 예를 들어, '다음 실적 시즌에 이러이러한 상황이 온다면 그때는 이 종목을 더 사도 될 것 같아'라는 전략을 세울 수 있다.

세상에, 이것은 엄청난 변화다! 물론 이런 전략을 반도체, 바이오, IT, 자동차, 산업재, 소비재, 기술주 등 전 업종과 기업을 대상으로 하기는 어렵다. 그리고 국내 주식뿐 아니라 해외 주식까지 모두 파악하기란 거의 불가능에 가깝다. 그러나 산업을 대표하는 주요 기업에 대해 하나씩 관심을 갖다 보면 완전히 불가능한 것도 아니다. 이러한 흐름이 파악되기 시작하면서부터는 투자금도 서서히 늘려나갈 수 있다.

소액 투자부터 해봐야 하는 이유

금융권 고소득자 중에는 1억 원에서 5억 원 수준의 주식 투자를 하는 사람이 적지 않다. 그런데 주식이 10%만 등락한다면 하루에 1,000만 원에서 5,000만 원의 손실이나 이득을 경험하게 된다.

몇백만 원에서 몇천만 원 수준의 변동성이 주는 위력은 크다. 하루에 차 한 대 값이 사라져버린다면 제정신으로 버티기는 쉽지 않을 것이다. 실제 여의도 금융업계 사람들은 높은 변동성으로 인해서 극단의 감정 기복을 자주 경험하기도 한다.

그러나 시장과 기업에 대한 이해도가 높을수록, 변동성에 대응하는 심리를 갖추게 되는 것만은 분명하다. 즉, 아는 만큼 투자금이 커지고, 변동성도 감당할 수 있는 것이다. 그리고 변동성을 감당할 수 있는 전략을 세우게 되면서 투자 규모도 서서히 커진다.

그런데 이 수준까지 오지도 못했으면서 "저한테 여유 자금이 2,000만 원이 있는데, ○○기업이 유명한 것 같아서 전부 주식 샀어요"라는 식의 이야기를 수도 없이 들었다. 주식에 대한 이해가 충분하지 않으면서 가용 자금의 전부를 '유명한 대기업'에, 그것도 현금 비중을 조금도 확보하지 않고 투자했다는 것이다. 이런 것은 투자라고 말하기 어렵다. 그저 모든 것을 운에 맡기는 게임에 가깝다.

지금 막 주식을 시작했다면 당신은 초보 투자자일 것이다. 그러나 이 책을 통해 기업의 키팩터(지금 이 단어를 이해하지 못해도 상관없다)와 주가 흐름에 대해 이해하기 시작한다면 당신은 투자자에 점차 가까워질 것이다. 주식은 그런 과정을 경험하면서 한 주씩 더 사 모아야 한다. 그러다 보면 어느새 1만 원이었던 주식이 10만 원이 되는 순간이 올 것이다. 10배 주식이 되는 것이다. 그리고 자산 규모도 비약적으로 증가한다. 그렇게 더 투자하다 보면 훗날 정말 100배 상승하는 주식을 만날 수도 있을 것이다.

일단 사고 싶은 주식을 딱 한 주 사보자. 그때부터 모든 것이 달라질 것이다.

2장

당신이 알고 있는
투자 원칙은 틀렸다

가치 투자라는 환상에서
벗어나라

모든 투자는 아이디어에서 시작된다. 심지어 코로나19라는 블랙스완급 위기가 찾아온 2020년조차 그렇다.

코로나19가 전 세계로 확산이 되던 2~3월, 미국을 포함한 전 세계 금융 시장이 초토화됐다. 미국 다우, S&P, 나스닥이 역사상 최단기간에 30% 이상 급락했고, 한국 코스피도 2,200포인트에서 1,400대 포인트로 30% 이상 하락했다. 순식간에 발생한 하락을, 사람들은 준비하지 못했다. 코로나19가 전 세계에 수십만 사망자를 내면서 발생한 공포가 세상을 지배했다. 글로벌 금융 위기를 경험한 구루들도 이런 속도의 하락은 처음이라고들 했다.

이런 국면에서 섬광처럼 등장한 투자 아이디어가 있는데, 바로 '언택트'였다. 언택트는 'Un'과 'Contact'의 합성어로 '비대면'

을 뜻하나, 엄밀한 의미에서는 문법 파괴 단어였다. 그러나 콘택트와 언택트의 라임이 상당히 잘 맞았기 때문인지, 시장은 곧바로 언택트라는 용어를 적극적으로 사용하기 시작했다.

대면(콘택트)으로 해야 할 많은 것들을 비대면(언택트)으로 해야 하는 상황을 맞이하게 되면서, 자연스럽게 투자자들은 '이런 언택트 시대에 어떤 산업이, 어떤 기업이 더 좋은 성과를 낼까?'라는 아이디어를 발전시켜 이를 투자 아이디어로 삼기 시작했다. 전 세계적으로 통할 만한 거대한 투자 아이디어 혹은 모티프Motif, 주제가 발생한 순간이었다. 이렇게 투자 아이디어는 어떤 상황에서든 생긴다.

사람들이 집에 머무는 시간이 길어지고, 재택근무를 통해 화상회의를 하는 기업이 증가하면서 온라인 서비스에 대한 필요성이 증가했다. 사람들은 '줌Zoom'이나 구글의 '미트Meet'과 같은 서비스를 폭발적으로 사용하기 시작했다. 또 넷플릭스를 시청하고 유튜브를 보면서 집에서 공부나 여가를 즐기기 시작했다. 운동도 집에서 해야만 했다. 새로운 생활상이 펼쳐지기 시작한 것이다. 곧바로 아마존, 넷플릭스, 구글과 같은 기업이 언택트의 수혜 종목으로 거론되기 시작했다. 애초에 이 기업들은 '나스닥 7공주'로 불리면서 인기가 있던 기업이었다.

그런데 원래 선호되던 기술주만이 언택트 수혜를 받은 걸까. 언택트 투자에 적합한 기업들은 이들 플랫폼 기업뿐만이 아니었다. 집에만 있다 보면 가구나 가전에 대한 교체 수요도 증가하기 마련이다. 그래서 자연스럽게 한국에서는 한샘, 미국에서는 홈디포Home Depot나 로우스Lowes 같은·인테리어·수선 기업 혹은 고급 가구 기업들이 언택트 수혜 기업으로 거론됐다. 가구 산업이 갑자기 성장 산업급 대우를 받게 된 순간이었다. 이외에도 집에서 게임을 더 할 것으로 예측되어 엔씨소프트나 액티비전 블리자드가, 집에서 밥을 더 자주 해먹게 되면서 홈푸드 관련 식음료 기업이 언택트 수혜 기업으로 급부상하면서 성장 산업급 대우를 받기 시작했다. 요가복 제조업체인 룰루레몬도 홈트레이닝 수혜 기업으로 부각됐다.

위기에도 오르는 주식은 반드시 있다

시장이 언택트를 투자 아이디어로 삼으면서, 과거의 성장주냐 가치주냐의 구분이 아닌 언택트냐 콘택트냐의 새로운 구분법이 등장한 것이다. 과거의 기준에서 가구, 가전, 인테리어, 식료품 같은 기업들은 성장 산업이 아니었지만, 언택트냐 콘택트냐라는 구분에서는 언택트 수혜 기업에 속했다.

그래서일까. 코로나19 사태에도 불구하고 이들 언택트 수혜 기업들의 주가는 52주 신고가를 갱신하고(52주 신고가란 1년 중 최고 가격이라는 의미다), 역사적 최고가All time high를 갱신하기도 했다(역사적 최고가란 종전에 그 주식을 산 누구라도 현재 시점에서 평가이익이 났다는 뜻이다).

이렇게 투자는 아이디어에서 시작한다. 이런 아이디어를 먼저 또 빨리 생각하는 것을 '직관' 또는 '영감'이라고 할 수 있을 것이다. 부자가 된 투자자들은 이런 아이디어를 이미 잘 알고 있거나 새로운 아이디어가 생겼을 때 이를 빨리 받아들인다. 반대로 그렇지 않은 투자자는 이런 아이디어가 생겼을 때 받아들이는 것을 거부하거나 받아들이는 속도가 너무 느려 맨 마지막에 받아들이곤 한다.

현재의 시장을 구분하는 아이디어의 대척점에서 장기간 머물더라도, 다시 시장은 미래의 새로운 기준으로 기업들을 또 나눌 것이다. 그렇기에 그때 반전을 노린다면 그것은 가치 투자에 가깝고, 어렵지만 그 역시 부자가 될 수 있는 길 중 하나가 될 것이다. 그러나 현재의 기준을 빨리 받아들이지도 않고 반대의 기준을 오래 유지하지도 않으면서, 아이디어를 마지못해 맨 마지막에 받아들인다면 그것은 가난으로 가는 투자일 수밖에 없다.

만약 아이디어를 스스로 개발할 수 있고, 아이디어에 대한 영향력을 시장에 행사할 수 있다면 그는 아마도 이미 부자인 현역 투자자일 것이다. 그러나 아이디어를 직접 개발할 수 없어도 이미 개발된 아이디어, 특히 시장을 주도하는 핵심 아이디어에 빨리 편승하면 누구라도 부자가 될 수 있다. 그리고 이러한 다양한 아이디어에 대해서는 이 책의 중반부에서 집중적으로 설명할 것이다. 그전에 시장의 잘못된 통념과 투자에 도움이 되지 않는 상식부터 과감히 버려야 한다.

주가를 움직이는 것은 '키팩터'다

주식 시장은 1년 365일 중 휴일만 빼고 매일 열린다. 매일 움직이는 주가를 보면서 '이 주식은 왜 오를까?' 혹은 '왜 내릴까?'라는 생각을 해본 경험은 누구나 있을 것이다. 그런데 오르거나 내리는 주가를 보면서 왜 오르는지 혹은 왜 내리는지를 '매일' 생각하는 사람은 의외로 드물다.

유가(석유 가격)가 오르면 유가 상승 수혜 종목의 주가가 동반 상승한다. 반대로 유가가 내리면 이를 원료로 하는 화학업체들의 주가가 양호한 흐름을 보인다. 이때 유가란 관련 기업의 주가 변동을 설명하는 팩터Factor, 요인다. 그리고 많은 요인 중 그 종목의 주가를 가장 잘 설명하는 팩터를 '키팩터Key factor'라고 한다.

보통 주가는 이익에 수렴하는 경향이 커서, 이익이 키팩터인 경우가 많다. 많은 애널리스트가 "○○전자의 실적이 개선되었으니 주가도 양호할 것이다"라고 전망하는 식이다. 그러나 이익만이 유일한 키팩터는 아니다. 오히려 서비스 기업, 온라인 기업, 플랫폼 기업 등 다양한 산업과 기업이 성장하면서 키팩터의 종류는 점점 다양해지고 있다. 또 산업뿐 아니라 개별 기업으로 가면 키팩터의 종류는 더욱 세분화되어 존재한다.

키팩터란 무엇일까

정유업종은 원유를 정제해서 휘발유, 경유, 등유 등을 생산하는 업종이다. 이때 원유가 원재료이고 휘발유 등은 제품이라서, 원재료와 제품의 가격 차이(이를 '정제 마진'이라고 한다)를 정유업종의 키팩터라고 한다. 보통은 유가가 높을수록 양호한 주가 흐름이 나타나는데, 유가가 높다는 것은 제품 수요가 탄탄하다는 것을 의미하기 때문이다.

반면 화학업종은 유가가 낮을수록 양호한 주가 흐름이 나타난다. 화학산업의 원재료인 납사나 천연가스는 유가가 낮을수록 저렴하게 구입할 수 있기 때문이다. 화학제품은 비교적 수요가 탄탄한 편이어서 제품 가격이 유지되는 편인데, 원재료의 가격이 크게 하락하면 이는 이익으로 귀결된다. 그러므로 화학업종은 화학제품과 원재료의 가격 차이를 의미하는 '스프레드Spread'가 키팩터다.

즉, 스프레드가 벌어지면 마진이 커지고 이는 이익의 증가로 직결된다.

은행과 같은 금융 회사의 경우, 금리와 대출 성장률, 배당 수익률 같은 것이 키팩터다. 건설회사의 경우에는 신규 건설 수주 규모와 주택 분양 물량 등이 키팩터다. 2010년대 초반에는 해외 건설 수주액이 키팩터였는데, 건설업의 영업 환경이나 이익의 원천이 달라지면서 키팩터도 바뀐 사례다. 반도체 산업의 경우, 설비 투자 규모와 반도체 가격이 키팩터다. 제약·바이오 산업의 경우, 신약 개발이 키팩터다. 구체적으로는 신약의 미래 가치와 임상 단계 등 신약 개발 과정(이를 신약 개발 파이프라인이라 한다)이 키팩터다.

철강업종은 철강 제품 가격과 중국 철강 회사의 폐업 규모가 키팩터가 되었다. 구조적으로 중국발 공급 과잉 산업이기 때문이다. 항공산업은 환율, 유가가 키팩터였고, 현재는 코로나19로 인해 운송량도 중요한 키팩터가 되었다. 엔터테인먼트 기업의 경우에는 음반, 음원, 콘서트 매출을 일으키는 팬덤의 규모가 키팩터다. 또 2020년 8월 중순 빅히트 엔터테인먼트의 BTS 컴백 영상이 최단 기간 유튜브 1억 조회 수를 기록했듯, 아티스트의 영향력을 미리 가늠할 수 있는 24시간 유튜브 조회 수도 키팩터일 수 있다. 카지노의 경우, 드랍액(방문객이 카지노에서 게임을 하기 위해 필요한 칩스를 구매한 총액)과 홀드율(드랍액 중 카지노가 게임에서 이겨 취득한 금액의 비율) 등이 키팩터 중 하나다. 여기까지 언급한 이런 키팩터들은 미래의 이익에 영향을 주는 변수라고 할 수 있다.

외국으로 눈을 돌려도 키팩터는 존재한다. 아마존은 어떨까. 아마존은 대표적으로 이익을 크게 늘리지 않는 반면, 매출액 성장을 위한 대규모 투자를 진행하는 형태로 기업 가치를 높이면서 성장한 기업이다. 이런 아마존은 매출 성장률이 키팩터였다. 이익이 아닌 매출이 키팩터이다 보니 2019년 하반기에 아마존이 서서히 이익을 내기 시작하면서 주가가 하락하는 해프닝이 벌어지기도 했다. 왜냐하면 20년간 매출 성장만을 고집하던 회사가 이익을 벌어들이기 시작하자 투자자들이 '지금이 성장의 정점인가?'라는 고민을 했기 때문이었다. 오직 아마존만이 만들 수 있는 해프닝이었다.

넷플릭스는 영업 활동의 핵심인 신규 구독자 수와 환율(해외 매출이 많아서 환율이 중요한 변수)이 주가의 키팩터다. 또 OTT 업체 Over The Top, 초기에는 셋톱박스 기반의 인터넷 서비스를 의미하였으나 현재는 PC, 스마트폰으로 드라마·예능·영화 등 동영상 서비스를 제공하는 업체를 아우름이므로 해당 플랫폼에 고객을 유치하기 위한 오리지널 콘텐츠 출시 일정 역시 키팩터다.

이처럼 다양한 키팩터는 결국 해당 산업이나 기업의 업황을 개선 혹은 악화시키거나 주가를 상승 혹은 하락시키는 대표적인 존재다. 키팩터가 여러 개인 주식은 있어도, 하나도 없는 주식은 존재하기 어렵다.

주식 투자의 기본은 키팩터를 찾는 것

　책의 초반부에서 이런 말들을 모두 이해하는 독자도 있겠지만, 아직은 다 이해하지 못해도 너무 걱정할 필요는 없다. 책을 다 읽고 나면 이해할 수 있을 것이다.

　중요한 것은 주가를 결정하는 변수들은 아주 다양하지만, 개별 기업의 주가를 움직이는 키팩터라는 것이 존재한다는 점을 받아들이는 것이다. 그리고 주가는 이러한 키팩터에 어떤 변화가 나타나기 시작할 때 비로소 방향성을 잡고 움직이기 시작한다. 그렇기 때문에 내가 투자하고 있는 기업의 핵심 변수를 알고 모르는 것은 하늘과 땅 차이다. 그리고 개별 기업의 주가를 움직이는 핵심 변수를 찾아내는 것이 바로 투자의 시작이다.

　그런데 의외로 많은 사람이 이익만을 키팩터라고 생각하기 때문에 진짜 키팩터가 무엇인지 모른 채 투자한다. 물론 나 역시 그랬다. 장기간 변화해온 주가를 가장 잘 설명하고 앞으로의 주가 방향을 가장 잘 설명할 변수인 키팩터를 찾는 것이 투자의 첫걸음이라는 것을, 부끄럽지만 나 역시 금융 시장에 들어와서 비로소 알게되었다. 동시에 투자로 큰 자산을 이뤘거나 이루고 있는 투자자들, 즉 현역이면서 높은 성과를 달성한 사람들은 이미 기업이나 산업의 키팩터에 대해서 잘 정리하고 있다는 점도 알았다. 그렇기에 어떤 의미에서 키팩터란 부자로 가는 황금열쇠일지도 모른다. 열쇠가 많을수록 열 수 있는 방문은 많을 테니 말이다.

물론 복잡성 이론처럼 수없이 많은 변수를 오가며, 같은 변수의 변화가 다른 주가 흐름을 만들어낼 수도 있는 복잡계처럼 보이는 주가를, 키팩터로만 설명하려는 것은 기업의 주가를 과도하게 단순화한 측면이 없지 않다. 그러나 대부분 이유 없이 움직이는 주가는 없고, 아무런 이유가 없어 보이는 것조차 지나고 나면 본질적인 이유가 있는 경우가 훨씬 많다. 그리고 그 본질적 이유를 만들어낸 것은 대부분 키팩터였다.

이런 주가를 움직이는 핵심 이유, 핵심 변수인 키팩터를 찾아낼 수만 있다면 그때부터 투자는 좀 더 쉬워질 것이다.

시장의 색깔만 맞춰도
절반은 간다

'시장의 색깔'이라는 말을 들어봤는가. 시장의 색깔이란 시장에서 선호되는 아이디어가 달라지는 상황에서 사용되는 용어다. 가장 최근 글로벌 주식 시장을 강타한 코로나19라는 존재 앞에, 시장은 언택트라는 새로운 성장 동력을 제시하고 있다. 언택트 관련주가 상승하고, 대면을 의미하는 콘택트 관련주가 약세를 보이는 것이 2020년 상반기 시장의 색깔이었다.

그러다 코로나가 다소 잠잠해지면서 경제활동이 재개되자, 그간 콘택트 관련주인 항공주를 포함하여 오프라인 유통업과 호텔 관련 기업들의 주가가 일제히 상승하는 일도 발생했다. 즉, 콘택트로 대표되는 대면 비지니스 기업들의 주가가 회복된 것이다. 이럴 때 '시장의 색깔이 변했다'라고 말한다. 시장을 주도하는 아이디어가 변했다는 의미다.

시장 전체가 상승하고, 상승하는 종목의 수가 하락하는 종목의 수를 압도하는 시장 상태를 우리는 '강세장'이라고 한다. 반대로 하락하는 종목의 수가 훨씬 많고, 지속해서 지수가 하락하는 시장 상태를 우리는 '약세장'이라고 한다. 이처럼 강세장 혹은 약세장 역시 시장의 색깔 중 하나다.

세상에 다양한 아이디어들이 존재하므로, 시장에는 여러 가지 색깔이 항상 존재할 수밖에 없다. 강세장과 언택트가 겹칠 수도, 안 겹칠 수도 있기에 시장은 늘 다채로운 색깔을 보여준다. 다만 시장 전체를 관통하는 가장 큰 투자 아이디어가 달라질 때 시장의 색깔이 변한다면, 투자자 입장에서 지금 시장의 색깔이 무엇인지 파악하는 것은 가장 중요한 일일 것이다.

일단 가장 큰 시장의 색깔 구분은 전반적인 강세장인지 약세장인지다. 적당히 사기만 해도 오르는 시장인지, 심혈을 기울여 매수해도 횡보나 하락할 가능성이 많은 시장인지 모르고 투자한다면 큰 손실을 볼 수밖에 없을 것이다. 비유하자면 요트를 탈 때 지금 불어오는 바람이 앞바람인지 뒤바람인지를 알아야 하는 것과 같다.

또 다른 시장의 색깔 구분은 '선진국 선호 시장'인지 '신흥국(이머징) 선호 시장'인지다. 이는 다른 의미로 현재 약달러(신흥국 강세)인지 혹은 강달러(선진국 강세)인지를 의미하기도 한다. 가령 선진국 주식 시장의 지수가 큰 폭으로 상승하여 미국 주식만 잘되고, 중국을 포함한 신흥국 주식의 성과가 저조하다면 시장 색깔은 선진국 선호이며 강달러 시장이다. 반대로 한국을 포함한 인도 등의 신흥국 주식 시장의 성과가 더 좋다면 그것은 이머징 선호이며 약달러 시장이다. 이머징 강세장일 때 한국 주식을 매수하면 성과가 좋을 확률이 높다. 최근 들어서는 시장의 색깔이 개별 기업의 주가 키팩터보다 앞서는 경우도 잦다. 그만큼 시장의 색깔이 중요한 것이다.

의외로 많은 사람이 투자할 때, 지금 시점의 시장 색깔이 무엇인지 파악하려는 노력을 거의 하지 않는다는 것을 알게 되었다. 이는 위험한 투자다. 지금 내가 어디에 있고, 시장의 위치는 어느 정도이며, 어떤 색깔을 보이는지 모른다면 그 투자는 아무리 아이디어가 훌륭해도 좋지 못한 성과로 이어지거나, 투자금을 잃을 가능성이 높다. 반대로 현재 시장의 색깔을 잘 파악하면 투자에 있어서 상당한 기회를 잡을 수도 있다.

그런 의미에서 패트리지 영감의 이야기는 시사점이 있다.

패트리지 영감은 1900년대 초, 미국의 전설적 투자자이자 트레이더 제시 리버모어의 이야기를 다룬 책《어느 주식투자자의 회상》에 나오는 인물이다. 회사의 기밀 정보가 주가에 안 좋은 영향을 줄 것을 우려한 패트리지 영감의 지인이, 패트리지 영감에게 당장 주식을 팔라고 조언한다. 이야기를 가만히 듣고 있던 패트리지 영감은 안 좋은 소식에도 불구하고 주식을 팔지 않겠다고 한다. 영감의 지인은 패트리지 영감을 이해하지 못하고 왜 주식을 팔지 않냐고 묻는다. 그때 패트리지 영감이 이렇게 답한다.

"지금은 강세장이라네."

패트리지 영감이 개별 주식에 대해서는 잘 몰랐을지라도, 지금 시장의 색깔이 강세장이라는 것은 분명히 알았다. 또 강세장의 특성상 악재가 나와도 시장에 별다른 영향을 미치지 않을 것이라고 생각했다. 만약 약세장이었다면 나쁜 뉴스가 기업 주가에 회복하기 어려운 데미지를 입혔을 확률이 높다. 사소한 악재에도 민감한 것이 약세장이기 때문이다.

강세장과 약세장을
알아보는 방법

글로벌 주식 시장이 서로 상호 연결되는Global interlocking 모습을 보이면서, 한국과 미국과 중국의 주식 시장은 이제 서로 상호 간에 영향을 주는 흐름을 보인다. 강세장이면 글로벌 강세장인 경우가 많고, 약세장일 때도 마찬가지다. 기술주 선호인 미국의 나스닥이 상승하기 시작하면, 한국도 마찬가지로 기술주가 강세를 보이곤 한다. 또 미국의 러셀2000으로 대표되는 실물 경제 중심의 중소기업들 주가가 강세를 보이면 한국의 시장도 그렇게 움직이곤 한다. 반대로 한국이 앞서 설명한 대로 움직이면, 미국도 같은 방식으로 움직인다.

따라서 투자 아이디어를 찾거나 받아들여서 내재화하고 해당 산업이나 기업의 키팩터를 확인하는 것과 함께 시장의 색깔을 읽는 훈련은 계속해야 한다.

지금 시장이 색깔을 확인하는 방법은 무엇일까. 바로 핀비즈 맵finviz.com/map.ashx 을 이용하는 것이다(핀비즈 맵에서는 상승한 업종은 초록색으로, 하락한 업종은 빨간색으로 표현하고 있다).

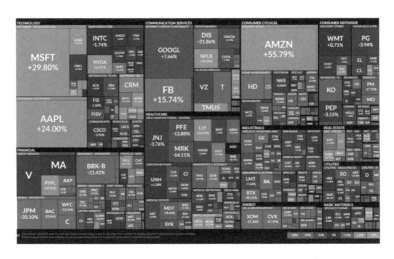

▲ 미국 S&P 500의 2020년 초부터 현재까지 성과를 보여주는 핀비즈 맵

미국 S&P 500의 2020년 YTDYear To Date, 연초 이후를 의미 핀비즈 맵을 확인해보자(2020년 6월 기준). 마이크로소프트MSFT는 29.8% 상승했고, 애플AAPL은 24.0% 상승했으며, 구글GOOGL은 7.6%, 페이스북FB은 15.7%, 넷플릭스NFLX는 50.9% 상승, 아마존 AMZN은 55.7% 상승했음을 알 수 있다. 작게 표현됐지만 엔비디아 NVDA는 62.0% 상승한 것을 알 수 있다. 한편에 위치한 테슬라TSLA

의 경우 167% 상승했다.

반면 JP모건은행JPM은 33.1% 하락했고, 뱅크 오브 아메리카 BAC도 33.9% 하락했다. 페이팔PYPL은 반대로 64% 상승했다. 유가 하락으로 에너지 기업인 엑손모빌XOM도 37.3% 하락했으며, 자동차 기업인 GE도 39.6% 하락한 것을 알 수 있다.

즉, 2020년은 코로나19 사태에도 불구하고 마이크로소프트, 애플, 엔비디아, 넷플릭스, 아마존, 테슬라와 같은 기업의 주가 즉, 기술주가 강세를 보인 해다.

핀비즈 맵은 무료로 제공되는데, 미국 S&P 500이나 미국 주식 전체 혹은 세계 주식 시장의 추이를 일간, 주간, 월간 혹은 일정 기간 동안 보여준다. 그리고 종목이나 시장 규모를 박스 크기로 보여주고, 섹터별로 정리돼 있기 때문에 시가총액 상위 기업들의 주

▲ 2020년 미국 ETF의 성과

가 성과를 통해 시장의 색깔을 판단할 수 있다. 특히 ETF^{Exchange}

Traded Fund, 특정 주가 지수의 움직임에 따라 수익률이 결정되는 펀드의 성과도 보여주

는데, ETF를 통해 다양한 자산그룹의 변화를 알 수 있다는 점에서

현재 시장에 대한 기준을 수립하는 데 도움이 될 것이다. 앞서 보

여준 그림은 2020년 연초 이후 미국 ETF의 성과를 핀비즈 맵을

통해 확인한 것이다. 금^{GLD}과 변동성 지수^{TVIX}의 성과가 양호하다

는 것을 알 수 있다.

주식 투자의 황금열쇠, '멀티플'

"삼성전자의 PER은 몇 배인가요?"

"삼성전자의 멀티플은 몇 배인가요?"

당신은 이 두 질문의 차이를 느끼는가? 만약 두 질문의 차이를 안다면 당신은 부자가 될 가능성이 높다. 그러나 차이를 모른다면 투자에 성공하기 어려울 수 있다. 앞의 질문은 실패 가능성이 높은 투자자의 질문에 가깝고, 뒤의 질문은 부자가 될 가능성이 높은 투자자의 질문에 가깝기 때문이다.

주식 가격을 설명하는 좋은 방법 중 하나는, 주가가 주당 순이익EPS, Earning Per Share의 배수라는 점이다. 이를 식으로 표현하면 다음과 같다.

$$P(주식 가격) = E(주당 순이익) \times M(Multiple, 멀티플)$$

네이버 금융 메뉴를 활용해서 국내 대표적 기업인 삼성전자의
주식 가격을 위의 식대로 설명해보겠다.

©NAVER

▲ 삼성전자의 주가

삼성전자의 주가(P) 59,100원

= 3,134원(주당 순이익) × 18.86배(멀티플)

멀티플인 18.86배를 찾기 위해서는 네이버 증권의 PER^Price
to Earning Ratio, 이익 대비 주가 비율 수치를 확인하면 된다. PER은 주가가
이익 대비 몇 배에 거래되는지 설명하는 지표다. 아마도 주식 투자
를 해봤다면 이 용어가 친숙할 것이다. 다만 앞으로는 PER이 아닌
멀티플이라고 부르는 것이 투자 성과에 더 도움이 될 것이라 확신

한다. 왜 그럴까.

PER이 아닌 멀티플에 집중하라

단순한 산식인 'P=E×M(주식 가격=주당 순이익×멀티플)'은 많은 부분에서 주가를 설명한다. 먼저 주식 가격을 이익과 멀티플의 관점으로 분리하면, 주가를 움직이는 핵심 변수가 두 가지라는 것을 알게 된다. 첫째는 당연히 이익(E)이다. 여기까지는 누구나 익숙하게 받아들일 것이다. 기업의 가치는 당연히 이익에 따라 움직일 거라고 생각하기 때문이다. 그런데 이익 옆에 떡하니 자리 잡고 있는 것이 바로 멀티플이다. 즉, 멀티플이 변할 때 주가는 큰 폭으로 움직인다는 뜻이다.

멀티플은 그 기업이 현재 시점에서 평가받는 수준을 의미한다. 시장이 그 기업에 대해서 긍정적으로 평가하기 시작하면 해당 기업의 멀티플은 상승하고, 반대로 부정적으로 평가하기 시작하면 멀티플이 하락한다. 멀티플은 오늘 당장보다는 미래의 청사진에 대한 평가로, 일종의 밸류에이션Valuation, 가치 평가을 의미한다. 멀티플이 중요한 이유다.

이런 멀티플의 변화를 실제로 확인할 수 있는 방법은 무엇일까. 삼성전자를 예로 멀티플의 변화를 확인해보겠다. 네이버 증권 초기 화면에서 '삼성전자'를 입력하고 하단의 종목분석 메뉴를 클

릭하여 스크롤을 내리면 하단에 밴드차트가 나온다. 다음은 삼성
전자의 밴드차트다. 그리고 이 밴드차트에서 삼성전자의 멀티플
변화를 확인할 수 있다.

밴드차트는 PER 차트와 PBR Price to Book Ratio, 자본 대비 주가 비율
차트, 이렇게 두 가지 차트가 공개된다. 중요한 것은 둘 다 멀티플
차트라는 점이다.

먼저 PER 차트는 'P=E×M(주식 가격=주당 순이익×멀티플)'을
의미한다. 각 선들은 일정한 멀티플 수준을 의미한다. 예를 들어 삼
성전자의 멀티플은 최하단의 6.4배부터 최고 17.6배까지 표시된

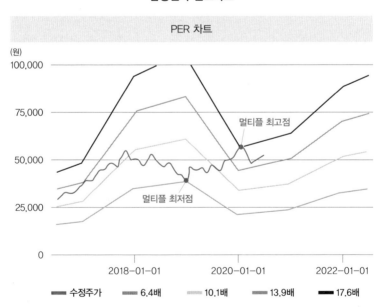

삼성전자 밴드차트

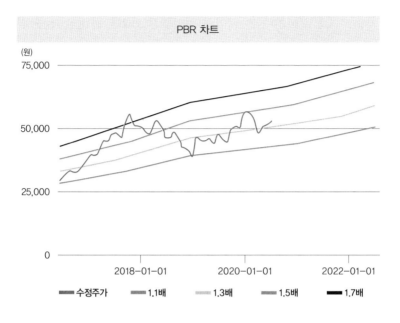

PBR 차트

(원)

75,000

50,000

25,000

0

2018-01-01   2020-01-01   2022-01-01

수정주가   1.1배   1.3배   1.5배   1.7배

밴드 안에서 움직이고 있음을 알 수 있다. 가장 높은 멀티플은 밴드차트 맨 윗줄을 의미하고, 가장 낮은 멀티플은 밴드차트의 맨 밑줄을 의미하는데 삼성전자의 PER은 2018년 초에 10.1배를 돌파한 후 2019년 이후에 6.4배, 2020년 초에 다시 13.9배에서 17.6배까지를 기록했다고 보면 된다. 즉, 삼성전자 PER 차트에서 멀티플이 가장 높았던 시점은 2020년 초로 가장 높은 멀티플 선과 주가가 만난 시점이고, 멀티플이 가장 낮았던 것은 2019년 초로 가장 낮은 멀티플 선과 주가가 만난 시점이라는 것을 확인할 수 있다.

　　PBR 차트도 마찬가지다. PBR 차트는 'P=B×M(주식 가격=주당 순자본×멀티플)'을 의미한다. 어떤 기업의 시가총액이 10조 원,

자본은 5조 원이라면 그 기업의 멀티플은 2배다. 반대로 10조 원 기업의 자본이 10조 원이라면 그 기업의 멀티플은 1배인 식이다.

특정 기업의 자본에 대한 가치 평가는 곧 그 기업의 주가다. 같은 1조 원의 자본이 있더라도 사양 기업의 1조 원과 성장 기업의 1조 원이 만들어낼 부가가치가 다를 것이라는 사실은 쉽게 짐작할 수 있을 것이다. 덕분에 성장 기업의 1조 원에 대해 후한 가치 평가가 이루어지면 해당 기업의 주가도 상승하고, 1조 원에 대해 박한 가치 평가가 이뤄지면 해당 기업의 주가는 하락할 것이다.

이처럼 멀티플은 이익의 전망치에 대한 가치 평가이면서 동시에 그 회사 자본에 대한 밸류에이션이기도 하다. 즉, 그 기업에 대한 가치 평가 그 자체라는 의미다. 그래서 멀티플의 변화를 확인하는 것은 너무나 중요하다. 시장이 그 기업에 대해 생각하는 가치 평가의 방향성을 확인할 수 있기 때문이다.

그리고 무엇보다 (특정 기업에 대한 밸류에이션과 같은) 멀티플이 매일 변동할 수 있다는 점에 대해 받아들일 필요가 있다. 가치 평가는 매일매일 발표되는 좋은 뉴스나 나쁜 뉴스, 업황 변화나 수급 변화에 따라 실제로 매일 미세하게 혹은 크게 변한다.

만약 주가가 이익만의 함수여서 이익의 규모가 그대로 주가를 결정하거나, 자본만의 함수여서 자본이 클수록 시가총액도 크다는 개념일 뿐이라면 모두 주식 투자로 부자가 됐을 것이다. 초등학생도 투자할 수 있을 만큼 단순하기 때문이다.

그러나 현실은 정반대에 가깝다. 이익이 적은데 주가는 높거나, 자본 규모가 적은 기업의 시가총액이 자본 규모가 큰 기업보다 더 큰 경우도 비일비재하게 발생한다. 이는 주가가 이익이나 자본만으로 결정되는 게 아니라는 의미다. 멀티플이 높으면 이익과 자본이 낮아도 주가는 얼마든지 더 높을 수 있다. 그런 의미에서 그 기업 혹은 그 산업의 멀티플에 대해 이해하는 것은 투자에 있어서 너무나 중요한 요인이다.

이익을 잘 내는 기업의 주가가 오를 것이라는 착각

'P=E×M(주식 가격=주당 순이익×멀티플)'라는 개념에서, 이익에는 아무런 변화가 없어도 멀티플이 오를 수 있다면, 즉 기업의 경영 활동이 멀티플을 높이는 쪽으로 지속해서 나아가고 있다면 실제로 주가는 크게 상승할 수 있다.

주가를 분해해서 바라보고, 이익뿐 아니라 멀티플의 변화가 기업 주가에 핵심이라고 생각한다면 우리는 주가가 이익만의 함수라는 생각에서 빠져나올 수 있다. 좀 더 직접적으로는 이익의 함정 즉, 이익을 잘 내는 기업의 주가 성과가 좋을 것이라는 착각에 빠지지 않을 수 있다. 그것이 멀티플이 주는 시사점이다.

그리고 멀티플을 가치 평가의 관점으로 바라보면, 최근의 바이오 기업, 플랫폼 기업, 기술 기업들을 바라볼 때 이익의 잣대를 버리고 색안경 없이 바라볼 수 있다.

투자를 시작하는 많은 사람은 대체로 기업은 이익을 내는 것이 지상 목표인 집단이고, 그렇기 때문에 이익을 많이 내면 경영 활동을 잘하는 것이며, 그것이 높은 주가 성과로 이어질 것이라는 당연한 생각을 하곤 한다. 나 역시 그랬다. 그러나 의외로 상당히 많은 경우에, 이익을 지속하거나 증가하면서 내는데도 주가 성과는 저조한 경우를 많이 봤다. 이는 우리나라뿐 아니라 미국의 경우도 마찬가지다.

반대로 최근에 돈을 벌지 못해도 주가가 상승하는 기업도 자

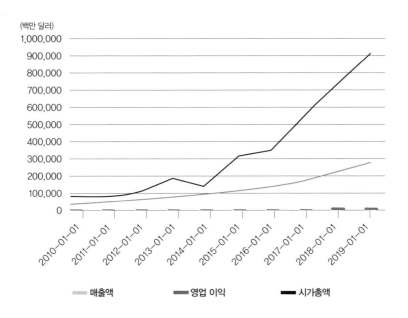

▲ 아마존 매출액 · 영업 이익 · 시가총액 추이

주 발견된다. 대표적으로 아마존이 그렇다. 주가가 가파르게 올라가던 시기, 아마존은 매출 성장을 위해서 이익을 희생하면서 성장하는 통에 이익이 증가하지 않았다. 매출은 지수적인 상승을 하는데 이익이 고정된 기간이 20년 이상 지속된 기업이 바로 아마존이다. 그뿐 아니라 2010년부터 2014년까지는 영업 이익의 규모가 오히려 축소됐다. 그런데도 아마존의 주가는 큰 폭으로 상승했다. 지난 20년간 아마존의 주가 상승을 만들어온 것은 바로 멀티플이었다. 매출이 증가하면서 시장에서의 아마존에 대한 평가 역시 개선되면서 멀티플이 오른 것이다.

이러한 대표적인 기업으로 테슬라도 있다. 테슬라는 2012년 모델S를 출시한 후 오랜 기간 적자가 이어졌지만, 기업 가치가 크

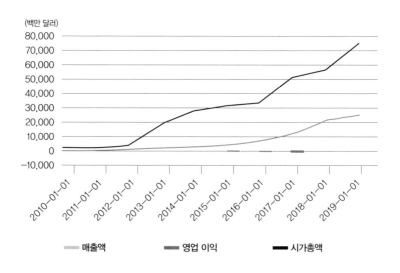

▲ 테슬라 매출액 · 영업 이익 · 시가총액 추이

게 상승하며 주가도 상승했다. 테슬라의 적자는 한두 분기 수준이 아니다. 영업 적자 기준 2010년에 1.5억 달러, 2011년 2.5억 달러, 2012년 3.9억 달러로 손실 규모가 증가했으며, 2017년에는 영업 적자 16.3억 달러를 기록하면서 파산 위기설까지 나왔다. 그런데 도 테슬라의 주가 즉, 시가총액은 상승했다.

'P=E×M(주식 가격=주당 순이익×멀티플)'이 주는 메시지는 심플하다. 이제는 이익만이 주가의 변수이고, 기업의 이익이 커져야 주가가 상승할 것이라는 생각을 파괴하라는 것이다. 짧은 기간이 아닌 몇 년 혹은 10년 이상에 걸쳐서 기업 주가가 이익과 무관한 흐름을 나타낼 수도 있다는 것이 이미 증명됐다. 오히려 최근 들어 기업에게 중요한 것은 이익이 아니라 시장 지배력이나 기술 장벽과 같은 것들이다. 그리고 이익은 아주 미세하게만 나도 상관없다. 만약 지배력과 기술 장벽과 같은 해자(垓字)가 100년간 유지된다면 1%의 이익률 차이만으로도 100년 누적 시 약 2.7배 더 비싸도 되기 때문이다. 그래서 이런 장벽을 축적해가는 기업에게 당장의 이익이라는 잣대만 들이대면서 주가 성과를 논하는 것은, 마치 대회가 없는 기간에 고강도 웨이트트레이닝을 하면서 근력과 체력을 나날이 발전시키는 운동선수에게 왜 당장 대회에서 메달을 따지 못하냐고 닦달하는 것과 같다.

10배 주식과
100배 주식을 찾아내는 방법

한국 주식 시장은 2009년부터 2020년까지 약 2,000포인트를 유지하면서 박스피(일정한 폭 안에서만 지속적으로 주가가 오르내리는 코스피) 장세를 선보였다. 선진국 미국 시장이 글로벌 금융 위기 이후 4배 이상 상승한 것에 비하면 너무나 큰 차이다. 코스피를 박스피라고 부른 것만 10년이다. 지루한 장세다.

이런 박스피 시장 속에서, 빛나는 투자 아이디어는 특정 산업이나 기업의 주가를 적게는 몇 배에서 많게는 10배 이상 높이는 성과를 내기도 했다. 그리고 이 글을 쓰는 순간에도, 지속해서 빛나는 종목이 나오고 있다.

시가총액이 작은 기업은 일단 걸러라

　의외로 많은 투자서에서 몇 배 혹은 10배 이상 오를 것이라고 추천하는 종목의 시가총액이 굉장히 작을 때가 있다. 시가총액이 불과 수백억 원 정도인 기업을 분석하고 사라고 하거나 혹은 2,000~3,000억 원 수준의 기업을 매수하라는 식이다. 네이버 블로그나 카페 혹은 주식 리딩방이라고 불리는 곳에서 추천하는 종목들도 시가총액이 작아서, 작은 수급만으로 시세 변동이 생기고 이러한 인위적 수급 변화를 펀더멘털Fundamental, 기초 체력의 개념으로 통상은 매출·이익 등이 증가하면서 주가도 상승하는 것을 의미로 해석하는 경우도 적지 않다. 그런데 배를 불리려면 쌀알 조각이 아닌 스테이크를 먹어야 할 것 아닌가.

　아마존, 테슬라, 넷플릭스, 구글을 보면 어떤 생각이 드는가. 삼성바이오로직스, 셀트리온, 카카오, 네이버, 엔씨소프트처럼 시장에서 압도적인 성과를 내는 종목들, 시장을 주도하는 기업들을 그저 뒤늦게 바라만 보면서 부러워해야 할까.

　테슬라는 지난 1년 동안 무려 주가가 400% 상승했고, 2020년에만 무려 160% 상승했다. 시가총액 몇 억 달러 수준이 아닌 무려 2,500억 달러에 육박하는 기업이 낸 성과다. 그야말로 스카이로켓처럼 움직인 것이다. 아마존은 시가총액이 1조 달러를 넘겨 1.5조 달러에 육박할 정도로, 그 규모가 한국 경제 전체 수준에 맞먹을 만큼 커졌다. 이처럼 짧은 기간에 적게는 몇 배에서 많게는 10배 혹은 장기간에 걸쳐 100배 이상 상승하는 종목의 시가총액은 결코 그 규모가 작을 수 없다. 시장을 혁신하고 사람들의 패러다임을 바꾸면서 기업 가치가 상승하기 때문이다. 그렇기에 이런 종목들에 투자해야 한다. 10배 혹은 100배를 갈 수 있는 기업의 주식을 사야 하는 것이다.

이런 위대한 기업은 대부분 이름만 들어도 알 만한 경우가 많다. 이름이 복잡하고 현란할수록 사기일 가능성이 크다. 그러므로 뭐 하는 곳인지 모를 회사를 추천받는다면 의심부터 하는 게 좋을 것이다.

성장주 투자만이 압도적 성과를 낼 수 있다

10배 상승하는 종목을 찾기 어렵다고 생각할 수도 있다. 유튜브도 보고, 뉴스도 자주 읽고, 지인 중에 금융권 종사자가 있어서 종목을 듣기도 하고 혹은 해당 기업의 주요 부서에 누군가 있어서 관련 자문을 들을 수도 있다. 그러나 이런 인맥이나 정보력이 없는 사람도 많다. 하지만 그래서 투자할 만한 주식을 찾기 어렵다고 생각할 필요는 없다. 왜냐하면 10배, 100배 상승하는 종목은 누구나 찾을 수 있기 때문이다. 과거에는 기업의 오너나 재무그룹장과 아는 사이여야만 얻을 수 있는 정보가 많았다. 소위 대외비 성격의 내부 정보들이 주가를 움직였던 것이다. 하지만 지금은 알려진 내용만으로도 충분히 부자가 될 수 있는 시대다. 더구나 많은 투자 정보가 유튜브를 포함한 온라인에 공개되기 때문에 투자에 도움 되는 정보를 찾는 일은 어렵지 않다. 문제는 투자에 도움이 되는 정보, 즉 키팩터가 무엇인지 모른다는 것이다.

지금 급성장하고 있는 산업들

10배, 100배 투자를 하려면 성장주 투자는 반드시 해야 하는 투자다. 오직 성장주 투자만이 압도적인 성과로 이어진다. 한국 주식 시장도 마찬가지다. 한국의 투자자라면 인터넷 기업, 플랫폼 기업과 제약·바이오 산업과 같은 성장 산업을 마스터해야 한다.

IT의 경우, 기술에 대한 내용을 파악해야 하지만 그나마 체감 되는 기술인 경우가 많다. 제품과 서비스를 통해서 소비자에게 효용을 제공하고 있기 때문이다. 애플이나 삼성전자의 핸드폰을 쓰거나 삼성 반도체가 들어간 디지털 기기를 사용하거나 네이버 페이와 카카오톡을 쓰는 것처럼 말이다. 반면 기술 기업이어도 제약·바이오 산업의 경우에는 일반인이 접근하기 어렵고, 일상 생활에서 쉽게 접하기 어려운 게 사실이다. 최근 코로나19 진단 키트를 제조하는 '씨젠'이라는 기업의 주가가 급상승한 적이 있는데, 그나마 진단 키트는 눈에 보이기라도 하지, 바이오 신약을 제조하는 기업의 신약은 눈에 보이지도 않는 사이즈다. 그러다 보니 제약·바이오 기업들의 높은 주가, 즉 시가총액의 실체가 없다고 생각하며 비판하는 사람들도 적지 않다. 여의도의 기관 투자자 중에서도 이런 생각을 하는 사람들이 있을 정도다.

그러나 개인 투자자는 이런 철학이나 특정 투자론에 경도될 필요가 없다. 개인에게 가장 최우선이 돼야 할 투자 원칙은 바로 '돈 버는 투자'다. 그리고 돈 버는 투자는 10~20% 정도 수익만으로는 달성할 수 없다. 오직 수배에서 10배 이상의 수익이 나는 종목을 찾을 때만 달성할 수 있다.

10배, 100배 종목을 찾는 법

주식 가격은 '주당 순이익×멀티플'이라는 점을 다시 기억하면서, 주식이 10배, 100배 오르려면 어떻게 돼야 할지 생각해보자.

10배 상승하는 종목을 찾는 첫 번째 방법은 이익이 10배 성장하는 종목을 찾는 것이다. 두 번째 방법은 이익은 그대로인데 멀티플이 10배 상승하는 종목을 찾는 것이다.

많은 사람이 기업 이익이 10배 증가하기를 기대하며, 이익에 기반한 기업 분석만을 한다. 그러나 멀티플이 10배 상승하는 것도 10배 상승하는 종목을 찾는 방법이다. 혹은 그 교집합을 찾으면 투자 목표를 더 쉽게 달성할 수도 있다. 이익이 2배 증가하고, 멀티플은 5배 증가한다면 10배 상승하는 종목이 되는 것처럼 말이다. 이처럼 이익이 10배 성장하고, 멀티플도 10배 상승하면 그 종목은 100배 종목이 되는 것이다.

'절대 돈을 잃지 않는 투자를 하라(워런 버핏의 투자 제1법칙)' 라는 것만큼 주식에 대한 명언은 없으며, 그것이 철학이든 무엇이든 무조건 돈을 벌기 위한 투자를 해야만 한다.

회계는
필요 없다

코로나가 전 세계를 덮치기 직전, 중국판 스타벅스라며 미국 시장에 상장한 루이싱 커피가 분식회계를 한 것이 드러나면서 전 세계는 충격에 빠졌다. 시작은 올해 초인 1월 31일 머디 워터스 Muddy Waters라는 독립 리서치가, 루이싱 커피가 매출 채권 등을 부풀리는 회계를 통해서 2019년 3분기 매출의 69%, 2019년 4분기 매출의 88%를 부풀렸다고 주장한 것이다. 머디 워터스는 이 자료 작성을 위해 실제로 오프라인 매장들을 일제히 오랜 기간 방문하고 관찰했다. 분식을 증명하기 위해 실제 매장에서 고객의 수를 체크하며 하나하나 비교한 것이다.

2월 초 루이싱 커피 경영진은 머디 워터스의 주장에 곧바로 반론했지만, 4월 머디 워터스의 주장이 사실로 밝혀지면서 루이싱

커피의 주가는 그야말로 자유낙하한다. 결국 주가는 분식회계 스캔
들 전의 50.3달러에서 6월 기준 3.3달러로 사실상 1/15토막이 난
것이다. 시가총액은 150억 달러 수준에서 2020년 6월 현재 9억
달러 수준이 됐다.

▲ 루이싱 커피의 주가 변화

2001년 세상을 떠들썩하게 만들었던 엔론의 분식회계 사건
이나, 2020년 루이싱 커피의 분식회계 사건처럼 거대한 회계 부정
이 반복적으로 드러나면서 회계의 중요성도 커지고 있다. 다만 부
실 기업을 찾기 위한 회계와 투자를 위한 회계는 완전히 다르며, 성
장주 투자에 있어서는 회계의 중요성이 반대로 낮아지는 추세다.

어설픈 재무제표 분석은 투자의 걸림돌이 된다

20대에 주식 투자를 시작할 때 가장 어려운 것 중 하나가 바로 회계였다. 회계를 제대로 공부한 적이 없었기 때문이다. 그래서 투자를 하거나 기업 분석을 하면서 맞닥뜨리게 된 벽 중 하나가 재무제표였다. 재무상태표, 포괄손익계산서, 자본변동표, 현금흐름표의 4대 재무제표가 공시자료에 들어가는데 이 표를 제대로 이해하는 것이 너무 어려웠다. 물론 회계학을 정식으로 배우면서 이들 재무제표가 상호 연계하며 움직인다는 것을 확인할 때의 기쁨은 매우 컸지만, 투자의 장벽이 회계임을 부정할 수 없었다.

그러나 결론부터 말하자면 투자를 위해 회계를 공부할 필요는 없다. 심지어 회계를 잘 몰라도 투자에 성공하는 데는 아무런 문제가 되지 않는다. 사실 워런 버핏조차도 고도의 수학적 지식은 필요 없다고 했다. 그는 수학과 수학적 사고를 구분했다. 다음은 1995년 버크셔 해서웨이 주주총회에서 워런 버핏이 한 말이다.

나는 고급 수학 지식은 투자 과정에 전혀 유용하지 않다고 생각한다. 그러나 수학적 관계를 이해하고 수학을 수량화하는 능력을 갖는 것은 일반적으로 투자에 도움이 된다고 생각한다. 왜냐하면 어떤 것이 말이 되거나 혹은 말이 되지 않는다는 것을 알려주기 때문이다.

이런 워런 버핏의 발언에도 불구하고, 일반적으로 기업의 실적을 추정하거나 상장주식의 투자 매력을 분석할 때 반드시 회계지식이 요구된다. 회계사 수준의 지식까지는 아니어도 최소한 재무제표를 볼 정도의 수준은 요구된다고 생각할 것이다. 나 또한 회계가 어려웠던 것은 사실이다. 다만 루이싱 커피와 같은 부실 기업을 찾아내는 회계와 아마존같이 투자 성공으로 이끄는 기업에 적용해야 하는 회계는 다르다는 점을 받아들이게 됐다.

제조업 기준으로 IT 기업을 평가할 수 있을까

회계를 어정쩡하게 공부하면 오히려 투자에 발목 잡힐 수 있다. 어설프게 아는 회계 지식, 적합하지 않은 방식으로 기업을 밸류에이션 할 수 있기 때문이다. 이를 적합하지 않은 방식이라고 표현한 이유는, 마치 곡선의 물체를 직선의 잣대로 측정하려는 것과 같기 때문이다. 무형 자산이 기반인 서비스 기업을 평가해야 할 때, 제조업 유형 자산 중심의 현 회계 기준을 강박적으로 들이댄다면 제대로 평가하기 어려울 것이다.

복식부기를 통해 기업을 분석하고, 증권 투자의 시대를 선구적으로 연 것은 아마도 《증권분석》을 쓴 벤저민 그레이엄 시대부터일 것이다. 물론 그 이전에도 회계를 공부하고 회계를 통해서 투자 아이디어를 얻고 투자에 나선 사람들은 있었겠지만,《증권분석》

이라는 세계적인 저서를 통해, 복식부기에서 기업 분석에 대한 아이디어를 얻고 투자에 나선다는 개념을 퍼뜨린 것은 그였다. 그는 1928년부터 1957년까지 컬럼비아대학교 경영대학원에서 투자 이론을 가르쳤다. 그가 남긴 《증권분석》이라는 책을 잘 살펴보면, 대부분 복식부기 회계를 활용해서 투자 아이디어와 리스크를 찾는 내용이다. 기업 회계를 분석해서 투자 기회를 찾아내거나 리스크를 파악하다니, 그 당시만 해도 최첨단 아이디어였다. 그의 투자 아이디어와 방법론은 이후 워런 버핏을 포함한 수많은 투자자에게 전해졌다. 회계를 통해 기업을 판단하고, 기업을 밸류에이션 하는 것은 어쩌면 당연한 일이었다. 그러나 21세기가 되면서 이런 기준들이 점차 들어맞지 않는 상황이 발생하기 시작했다.

같은 업종에서 한 기업의 PER은 4배인데 어떤 기업은 400배인 상황, 역시 같은 업종에서 어떤 기업의 PBR은 0.2배인데 어떤 기업은 20배인 상황과 같이 도저히 같은 업종에 속한 기업이라고 볼 수 없는 밸류에이션의 격차가 나타난 것이다. 회계만으로 이들 기업의 차이를 알아내는 것은 너무도 어려워졌다. 시대가 변했기 때문이다.

현재의 복식부기는 산업혁명기 이후 급격히 성장한 제조업 중심의 회계에 가깝다. 유형 자산을 평가하는 방식의 복잡함과 감가상각 방식의 다양성 등 거의 모든 회계의 발전이 제조 설비·재고·회전율 등 유형 자산과 관련한 방식으로 발전했다. 그리고 이런 회계의 발전은 산업혁명기나 제조업 중심의 경제가 대세이던

21세기 이전까지는 잘 맞아떨어졌다.

그런데 21세기가 되고 IT 산업, 서비스 산업, 플랫폼 산업 등의 기업이 나타나면서 어떤 경우에는 유형 자산이 아예 없고 무형 자산이 대부분인 기업이 나타나기 시작했다. 이후에 살펴보겠지만 아마존은 최소한 물류창고라도 있고 로봇 기술을 보유한 기업에 투자라도 하지만, 우버를 포함한 수많은 플랫폼 기업은 유형 자산이 없거나 희박한 경우가 많다. 2020년에 상장한 수소 트럭 업체 니콜라의 경우, 매출은 0원에 차를 만들어본 적도 없는데도 100억 달러가 넘는 시가총액을 갖게 됐다(물론 이런 기술 기업 중 일부는 늘 그렇듯 거품 논란에 휩싸인다).

서비스 산업이 대세인 21세기가 되면서 '제조업 중심의 복식부기', 즉 회계가 필요 없다는 주장이 나오기 시작했다. 이런 주장은 바루크 레브와 펭 구가 쓴《회계는 필요 없다》라는 책에 자세히 담겨 있다.

투자자라면 반드시 읽어봐야 할 이 책의 핵심은 회계가 투자에 있어서 중요한 것은 맞지만, 서비스 기업에 적용하기에는 과거의 잣대라는 주장이다. '나스닥 7공주'인 'FANGMAN(페이스북·아마존·넷플릭스·구글·마이크소프트·애플·엔비디아)' 종목이나 '코스피 7공주(삼성바이오로직스·NAVER·셀트리온·LG화학·삼성SDI·카카오·엔씨소프트)' 종목의 경우, 무형 자산의 중요성이 훨씬 커졌는데 지금의 복식부기는 이를 잘 표현하지 못한다. 그렇기 때문에 무형 자산 기업, 서비스 기업, 플랫폼 기업 등에 투자하면서 제조업 중심의 회계에 집착하는 우를 범해서는 안 된다. 과도하게 회계에 함몰되는 것은 오히려 투자를 망치는 지름길이다.

적자 기업 쿠팡에
투자가 몰리는 이유

"쿠팡의 실적은 적자인데, 기업 가치는 얼마나 될까?"

종종 이런 질문을 듣거나 쿠팡의 기업 가치를 평가한 글들을 보곤 한다. 쿠팡은 이익이 적자인데도 지속적으로 투자받고 있고, 투자를 받는 과정에서 기업 가치 평가도 받고 있다. 그런데 아마도 PER, PBR과 같은 종전의 잣대로 쿠팡을 바라본다면 적절히 밸류에이션하기 어려울 것이다. 너무 비싼 기업으로 여겨지기 때문이다.

"훌륭한 애널리스트는 밸류에이션을 개발한다."

1997년과 2008년 금융 위기를 예측하면서 유명세를 얻었던 앤디 시에 전 모건스탠리 이코노미스트의 말이다. 나 역시 그가 한국에서 한 강연에서 많은 통찰력을 얻었는데, 그때 인상 깊었던 말중 하나가 저것이다. 그리고 저 말처럼 실제 금융 투자 세상에는 수많은 밸류에이션 방식이 등장해왔다. 왜냐하면 정말 다양한 형태의 기업이 존재하기 때문이다. 그런데 도대체 어떻게 가치 평가를 해야 할까.

성장 기업일까, 고평가된 기업일까

모두가 알 만한 기업인 테슬라를 사례로 들어보자. 테슬라의 현 주가나 기업 가치는 과연 적정한 수준일까. 혹은 더 사도 되는 가격일까 아니면 팔아야 되는 가격일까.

2012년 테슬라는 본격적으로 시장에 등장하면서 거의 10년 간 주가 강세를 보이며 투자자들에게 기쁨을 주었다. 그러나 7년이 넘는 기간 동안 적자를 내는 테슬라의 주가가 계속 상승하는 것을 버블이라고 말하는 투자자들도 엄청나게 많았다. 특히 테슬라의 주가가 고평가되었다고 생각해서 공매도 했던 헤지펀드 매니저들에게, 지속해서 오르는 테슬라 주가는 아무리 공격해도 쓰러지지 않는 지옥불 악마처럼 느껴졌을 것이다.

헤지펀드 매니저들이 회계를 모를 리도 없겠지만, 그럼에도 불구하고 테슬라가 비싸다고 여긴 데에는 이유가 있었을 것이다. 특히 비슷한 업종의 기업을 비교해보면 더욱 그렇게 느껴진다. 가령 전통적인 자동차 메이커인 독일 3사(벤츠, BMW, 폭스바겐)나 미국 자동차 기업인 GM과 포드 또는 글로벌 자동차 메이커인 도요타 등과 비교하면, 테슬라는 시장 점유율이 5%도 되지 않는, 전기자동차 시장에서나 겨우 활동하는 회사였던 것이 사실이다. 이런 기업의 시가총액이 슬금슬금 전통 자동차 메이커들의 시가총액을 앞지르기 시작하더니, 급기야 2020년에는 자동차 업계 시가총액 세계 1위이던 도요타를 앞지르면서 오늘날까지 테슬라에 대한 고평가 논란은 계속되고 있다.

그렇다면 시장이 틀린 것일까. 물론 그럴 수도 있다. 시장이 아주 오랜 기간 특정 기업을 맹목적으로 사랑해서 제대로 된 평가를 못 내리는 경우도 있다. 그러나 반대로 시장이 옳다면 어쩔 것인가. 테슬라나 아마존, 네이버나 카카오 같은 기업에 대해 과연 우리는 제대로 된 가치 평가를 하고 있는 걸까.

특히 세계적으로 어떤 산업의 패러다임을 바꿔놓는 기업들은, 시작이 미약할지언정 지수적으로 상승하면서 급기야 세계 1위 기업으로 자리 잡곤 했다. 그런 기업들에 투자할 때, 투자자의 인생도 바뀐다. 만약 지금이 내연기관차에서 전기자동차로, 전기자동차를 넘어 자율주행으로, 자율주행을 넘어 상호 연결 시대를 선도하는 미래로 가고 있는 순간이고, 테슬라가 그 최선단에 존재하는 기업이라면 대체 이런 기업은 어떻게 밸류에이션 해야 하는 걸까.

앞서 주가는 이익과 멀티플로 나뉘며, 멀티플은 시장의 그 기업에 대한 가치 평가 수준이라고 말했다. 그리고 주가는 키팩터로 움직이며, 이러한 키팩터는 결국 기업 가치에 변화를 가지고 올 것으로 예상되는 변수들이다.

이를 종합하면, 주가는 키팩터에 어떤 변화가 생겼을 때 방향을 잡고 위든 아래든 움직이며, 그렇게 움직이기 시작해서 어디까지 갈 수 있을지 가늠할 수 있는 것이 바로 멀티플이고, 멀티플은 곧 가치 평가라는 의미다. 그리고 가치 평가는 주가가 최대한 멀리 갈 수 있는 지점의 종점이다.

이제 주가의 종점을 상상할 시점이 됐다. 성장하는 기업이라면 성장의 끝에서 평가받을 수 있는 밸류에이션이 바로 주가의 종점이다. 반대로 하락하는 기업 역시 하락의 종점이 바로 최저 주가 수준이 될 것이다. 그런 종점에 대해 가치 평가하는 것을 밸류에이션이라고 한다.

초보 투자자라면 밸류에이션이라는 단어가 어렵게 느껴질지도 모르겠다. 그런데 투자를 위한 밸류에이션은 회계가 필요한 것이 아니라, '미래를 상상'하는 상상력과 수학적 사고만으로도 충분하다.

목표 주가를 계산하는 방법

미래를 상상한다는 것은 어떤 일일까.

무형 자산 중심인 서비스 기업이나 기술(테크) 기업을 밸류에이션 하는 좋은 방법은, 이 기업이 현재의 전략과 서비스, 제품을 통해서 최대한 성장했을 시점을 가정하고 이를 기반으로 가치 평가를 하는 것이다. 즉, 현재의 제품과 서비스 성장의 최종 단계이자 종말 단계인 터미널 스테이지Terminal stage를 상상해보는 것이다.

　다음에 소개하는 가치 평가는, 과거에 한샘이라는 성장 종목을 발굴했을 때 내가 직접 수행했던 가치 평가 사례다. 이 사례를 통해 독자들도 종말 단계 밸류에이션을 익힐 수 있을 것이다.

　한샘의 주가에 변화가 나타난 것은 2013년 주당 3만 원 수준이던 시점이었다. 그리고 한샘의 주가는 2015년 여름, 34.7만 원으로 10배 이상 상승했다. 2년에 10배, 한국에서는 흔하지 않은 10루타 종목이었다.

　당시 한샘은 주로 인테리어 가구와 부엌을 판매했는데, 2013년부터 부엌 매출 부분에서 본격적인 성장이 나오기 시작했다. 매분

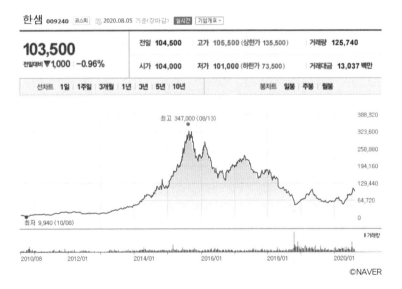

▲ 한샘의 주가 변화

기 전년 대비 30% 수준의 매출과 이익 성장이 나타나기 시작한 것이다. 금융 시장은 전통적으로 전년 대비 증가하는 것을 좋아하기 때문에, 전년 대비 30%라는 놀라운 숫자를 보여준 한샘을 외면할 수는 없었다. 전년 대비 두 자릿수 이상의 상승이 몇 년만 나와도, 기업 가치는 몇 배나 오를 수 있었기 때문이다.

부엌 가구의 매출이 증가하면서 곧바로 주가가 상승했다. 2만 원대에서 3만 원대로 오른 것이다. 그리고 곧바로 4만 원대를 돌파했다. 이때가 바로 '부엌 매출'이라는 키팩터의 변화가 발생하면서 주가가 방향을 틀고 위로 솟구치던 시점이었다.

그런데 이처럼 빠른 시간에 상승하는 업종에 투자하는 많은 투자자들이 할 수밖에 없는 고민은 바로 '언제까지 보유해야 하나' 혹은 '언제 팔아야 하나'일 것이다. 나 역시 그 시점을 파악하기 위해 앞서 말한 종말 단계를 상상하며 터미널 스테이지 가치 평가를 모의로 구해보았다.

매출의 최대치를 예상하기 위해서는 전체 시장의 사이즈를 알아야 했다. 예를 들어, 국내 아파트와 빌라 등의 총주택 수는 2,000만 호인데, 그중 한샘 제품으로 부엌을 교체할 수 있을 만큼의 면적을 갖는 주택을 아파트로 제한했고, 당시 아파트는 전국에 1,000만 호 있었다. 그리고 평균적으로 20년에 한 번 부엌 인테리어를 교체한다고 가정하면, 매년 발생하는 부엌 교체 수요는 약 50만 호(1,000만 호/20년)다. 이 50만 호 중 한샘의 최대 점유율을 약 30% 정도를 가정했다. 통상 점유율이 40%를 넘기 시작하면 공정 거래와 관련

한 규제들이 발생하므로 잡은 수치였다.

그렇다면 매년 한샘이 약 15만 호를 대상으로 부엌과 인테리어를 팔 수 있다는 계산이 나온다. 그리고 실제 2015년 초에 발표된 한샘의 애뉴얼 리포트(연차보고서)를 보면, 부엌 가구 월 1만 세트 판매를 달성했다고 공시했다. 한샘의 매출액을 계산하기 위해 당시 한샘의 주류 부엌 시리즈였던 '밀란'과 '유로'라는 브랜드의 중간 가격인 800만 원 정도를 대입했다. 그러면 부엌 제품 판매의 최댓값은 약 1.2조 원(800만 원×15만 호)이 된다. 이것이 바로 부엌 매출의 최종 단계 상태를 의미한다.

그다음 따져본 것은 이익률이었다. 한샘의 이익률은 당시 6~7% 수준이었으나, 제조업의 특성상 매출 성장과 함께 약 10% 수준의 이익률을 확보할 수 있을 것이라 가정했다. 그 이상을 확보할 수도 있겠지만 과도한 공격적 가정을 배제한 것이다. 그렇게 이익률 10%를 가정하면 매년 부엌 부문에서만 영업 이익 1,200억 원이 발생한다는 것을 알 수 있다.

이를 실제 한샘 사업보고서에서 확인해보자. 2014년 한샘의 부엌 유통 사업 부분 매출액은 4,847억 원으로 전년 대비 33.5% 성장했다. 이 역시 급성장한 상태였지만, 여전히 최대치 매출액 1.2조 원에 대비해서는 아직은 낮은 수준임을 알 수 있다. 즉, 성장의 경로가 더 열려 있다는 의미다.

이런 식으로 미래 가치를 평가할 때, 투자자에게 남은 가장 중요한 관건은 무엇일까. 관건은 분기마다 저런 성장 속도를 이어나

갈 수 있는지의 여부일 것이다. 즉, 한샘에 대해 투자자가 갖는 미래 상을 기업이 진짜로 보여줄 수 있을지 확인하는 것이다. 나중에 살펴보겠지만 이러한 성장 경로는 주로 실적 공시나 IR 자료* 또는 대규모 외부 행사나 공개된 정보를 통해서 확인할 수 있다. IR 자료나 관련 행사가 많은 기업일수록 투자자들에게는 정보 접근 편의성이 높고, 동시에 기업 경영 활동이 투명하다고 보아도 무방하다.

사업 부분		2014년		2013년		성장률
		금액(억 원)	비율	금액(억 원)	비율	
국내	인테리어 사업 부문	4,614	34.8%	3,712	36.9%	24.3%
	부엌 유통 사업 부문	4,847	36.6%	3,632	36.1%	33.5%
	특판 사업 부문	1,905	14.4%	1,150	11.4%	65.7%
	자재 판매	1,023	7.7%	782	7.8%	30.8%
	수출	131	1.0%	178	1.8%	−26.4%
	기타	135	1.0%	105	1.0%	28.6%
	소계	12,655	95.5%	9,559	94.9%	32.4%
해외	중국 법인	298	2.2%	202	2.0%	47.5%
	미국 법인	286	2.2%	259	2.6%	10.4%
	소계	584	4.4%	461	4.6%	26.7%
기타		11	0.1%	49	0.5%	−77.6%
총매출액		13,250	100.0%	10,069	100.0%	31.6%

▲ 2014년 한샘 사업보고서

● IR이란 Investor Relations로, 투자자에게 투자 정보를 제공하는 활동을 통칭한다. IR 자료는 경영 실적 등 투자 정보가 포함된 자료를 의미한다.

이렇게 적정 시점마다 분기 실적 공시를 통해 부엌 매출 성장이 지속해서 이뤄지는 것이 확인된다면 한샘 주가도 지속해서 상승하고 있을 것이다. 투자자들이 그리는 미래의 모습에 대한 이견이 없는 기간이기 때문이다. 그러나 성장 경로가 삐걱거리는 일이 발생한다면 아름답게 그렸던 미래의 모습, 즉 최종 성장 단계까지 가지 못하고 중간에서 멈춰 설 수도 있다. 그렇게 중간에서 성장이 멈춘다면 그 시점이 주가의 최종 단계일 것이다.

실제 이런 생각으로 한샘의 조사분석을 수행하는 2013년부터 2015년 말까지, 한샘은 매 분기 최대치 값을 향해서 지속해서 성장하는 놀라운 모습을 보여줬다. 어떻게 기업이 이렇게 성장할 수 있는지 놀랐던 시기이기도 했다. 자연스럽게 주가도 빠른 시간 내에 10루타 종목이 될 수 있었다. 그러나 2016년이 되면서는 성장 속도가 확연히 둔화했고, 성장의 경로가 훼손되기 시작한다. 그 시점에 주가도 더 이상 상승하지 못하고 하락하기 시작했다.

성장의 최대치를 상상하라

스탠리 드러켄밀러의 인터뷰를 담은 책《새로운 시장의 마법사들》에서 "밸류에이션이란 주가가 어떤 기폭제로 인해 방향성을 잡을 때, 어디까지 갈 수 있을지 가늠해볼 수 있는 목적지다"라는 말을 한 적이 있다. 투자의 구루들이 하는 생각은 사실 대부분 비

숫하다. 하락은 100%가 최고이지만, 상승률에는 제한이 없다. 100배가 상승한다는 것은 10,000% 상승한다는 말인데, 그런 상승이 가능한 곳이 주식 시장인 것이다.

이렇게 상승의 제한이 없는 시장에서, 단순히 올해나 내년의 실적을 토대로 밸류에이션을 도출한다는 생각을 하는 것보다, 종목이 무엇이든 간에 키팩터가 변했을 때 주가가 (위든 아래든) 최대한 갈 수 있는 가격의 종착지를 생각해보는 것이 투자에 있어서 더 유용하다. 다시 한 번 말하지만 성장주에 투자할 때는 '성장의 최대치'를 상상하라. 그것이 곧 도달 가능성이 있는 목표 주가다.

부자들이 가장 중요하게 여기는 '실적 시즌'

1년 중 네 번, 상장 기업의 실적이 발표된다. 실적 발표 때마다 특정 기업의 실적이 시장 기대치(컨센서스)를 상회했는지 하회했는지에 따라서 주가가 변동하곤 한다.

개인이었을 때와 기관 투자자를 상대할 때의 가장 큰 차이를 꼽자면 실적 시즌 경험 유무였다. 보통 실적 시즌을 경험하지 못한 개인 투자자와 경험한 기관 투자자는 특정 기업에 대한 이해도는 물론 주식 투자의 수준에서 차이가 발생한다. 나도 애널리스트 초반에는 그렇게 느꼈다. 실적 시즌을 경험하기 때문에 더 많이 알고 있다고 생각한 것이다.

먼저 실적 시즌에 대해서 간단히 알아보자. 주식 시장에 상장된 기업에 대해서 애널리스트들은 자신이 분석을 담당하고 있는 기업(이를 '커버리지 기업'이라 한다)에 대해 실적 추정을 한다. 반도체부터 건설까지 약 30여 개 섹터, 수백 명의 애널리스트가 기업에 대해 실적 추정을 하는 것이다. 애널리스트들의 실적 추정치가 모여 시장의 '컨센서스'를 구성한다. 컨센서스란 시장의 애널리스트들이 전체적으로 생각하고 있는 그 기업의 매출·영업 이익·순이익과 같은 이익 전망치다.

이렇게 컨센서스가 구성된 상태에서 실적 시즌에 돌입하게 되는데, 실적 시즌은 '실적 시즌 프리뷰'로 시작하고, '실적 시즌 리뷰'로 끝난다. 실적 시즌 프리뷰란 각 애널리스트가 분기 실적에 대한 전망을 발표하는 것이다. 국내 증권사가 20여 군데 있다면, 프리뷰는 각 증권사 리서치센터의 해당 섹터 애널리스트가 보통 분기 말 전후 10일 정도에 몰아서 낸다. 1분기는 1월부터 3월 31일까지이므로, 1분기 실적 프리뷰는 3월 20일부터 4월 10일 정도에 내는 식이다. 그래서 실적 시즌에 돌입하면 변화가 없었던 실적 컨센서스가 다수의 애널리스트의 수치 조정으로 인해 변화하게 된다. 가령 5명의 애널리스트가 삼성전자의 실적을 각각 10조 원, 11조 원, 12조 원, 13조 원, 14조 원(평균 12조 원)으로 추정했다고 하자. 그런데 프리뷰 시즌에 진입해서 10조 원을 추정했던 애널리스트가 15조 원으로 추정치를 상향하는 프리뷰를 낸다면, 컨센서스는 평균 12조 원에서 13조 원으로 높아진다.

그렇다면 실적 시즌 리뷰는 언제 낼까. 리뷰는 실적이 발표되고 나서 내는데 분기·반기 실적의 경우 분기 말로부터 45일 이내에 내도록 돼 있어서, 1분기 실적은 5월 15일(3월 31일로부터 45일이 경과한 시점)까지 공시하도록 돼 있고, 분기 실적이 담긴 재무제표가 올라간다. 그런데 해당 분기 실적이 다 발표된 후 공시자료를 보면 되는데, 왜 따로 실적 시즌 리뷰를 내는 것일까.

애널리스트들이 실적 시즌 리뷰를 내는 이유는 다음 분기나 다음 연도의 실적을 추정하기 위해서다. 그래서 리뷰 시즌에 형성되는 다음 분기와 다음 연도 실적에 대한 컨센서스가 그 기업의 이익 전망치가 된다. 그리고 이것이 반복되면서 다음 분기나 다음 연도의 실적 전망치가 쌓이면서 실적 시즌이 반복된다.

애널리스트의 분석자료가 없는 기업의 경우 컨센서스가 없다. 추정이 없으니 평균을 낼 수도 없는 것이다. 그래서 애널리스트의 추정치가 있는 것은 여러모로 투자자들에게 적정한 안전장치가 돼준다. 애널리스트도 사람인데, 커버리지도 좋아질 가능성이 높은 기업 위주로 분석할 수밖에 없다는 것도 중요하다.

그럼 실적은 언제 발표할까. 상장 기업 중 대기업의 경우, 45일 기한 말에 올리는 분기·반기·연간 공시자료 이전에 '잠정 실적'을 발표한다. 외국도 마찬가지다. 이 잠정 실적 발표일이 실적 발표일이 되곤 한다. 국내에서는 삼성전자의 잠정 실적 발표일이 가장 빠르고, 이후 다른 기업들이 순차적으로 발표한다. 그래서 실적 시즌에는 특정 기업의 실적 발표일이 언제인지 알아둬야 한다(실적 발표일에 대해서는 대부분의 대형 기업이 공시한다).

실적 발표일에는 또 기업이 IR 활동을 하는데, 보통은 각 기업 IR 홈페이지에 실적 자료를 올려놓고, 기관 투자자와 애널리스트를 대상으로 컨퍼런스 콜*을 한다. 코로나 이전에는 직접 모여서 실적 발표를 하는 기업들도 많았지만, 코로나 이후에는 모두 컨퍼런스 콜 방식으로 변경되었다. 해당 분기 실적이 나오면 애널리스트들이 만든 컨센서스와 비교하면서 좋은 실적인지 아닌지 확인하고, 그에 상응해서 주가가 변동한다. 이것이 실적 시즌이다.

개인 투자자들이 실적 시즌에 반드시 확인해야 할 것들

이쯤 되면 실적 발표일이 상당히 중요한 이벤트라는 것을 충분히 이해할 것이다. 그리고 실적 시즌에 반복해서 참여하다 보면, 기업에 대한 이해도가 비약적으로 상승한다. 아쉬운 것은 실적은 1년에 딱 네 번 나오며, 이 네 번의 발표로 인해 기업의 이익 규모가 결정된다는 점이다. 어떤 기업이든 미래에는 이익이 어떨 것이라고 매일매일 변경치를 공시하지 않기 때문에, 주가는 이익이 아닌 멀티플이 변화하면서 방향성을 잡고 움직이게 된다.

실적 시즌을 대하는 개인 투자자들은 어떤 자세를 가져야 할까. 첫째, 실적 시즌에 발표한 실적들이 컨센서스보다 높았는지 낮

● 　상장사가 기관투자가와 증권사 애널리스트 등을 대상으로 자사의 실적과 향후 전망을 설명하기 위해 여는 전화회의를 말한다.

았는지 확인해야 한다. 그리고 높았거나 낮았다면 그 이유가 무엇인지도 반드시 확인해야 한다. 그 이유가 일회성인지 지속적인 영향을 줄 만한 이슈인지 확인하는 것은 너무나 중요한 일이다. 실적 시즌에 발표한 컨퍼런스의 Q&A 자료나 개별 기업의 실적을 간략하게 요약해놓은 IR 프레젠테이션 자료를 각 사 홈페이지에 올려놓으므로 이를 토대로 확인하면 된다. 뉴스가 아닌 해당 기업이 올려놓은 실적 시즌 자료를 반드시 확인해야만 그 기업이 제대로 가고 있는지 알 수 있다. 실적을 리뷰한 애널리스트의 리포트도 좋다.

두 번째, 이익에 대한 집착을 버리는 실적 시즌을 보내야 한다. 물론 최종적으로는 이익이 가장 중요하다. 그러나 매 분기 발표되는 실적 시즌의 이익은 상대적으로 중요도가 떨어질 수도 있다. 그렇지 않다면 아마존처럼 약 20년 동안 특별한 이익 성장이 없었던 기업이나, 8년 정도 적자 성장해온 테슬라와 같은 기업에 투자할 수 없을 것이다. 무엇보다 이익은 '사후적'이다. 이익이란 좋아진 정도를 확인하는 것이며, 말 그대로 후행적 지표다. 다만 해당 기업의 이익 성장 경로대로 제대로 가고 있는지를 확인하기 위해 실적 시즌을 활용하라는 것이다.

세 번째, 멀티플에 변화를 줄 만한 키팩터의 변화를 체크해야 한다. 이는 실적 시즌만의 이슈가 아닌 매일매일 일어날 수도 있는 일이다. 물론 실적 시즌에 주요 데이터들이 공개된다. 넷플릭스 주가의 키팩터가 '가입자 수'라면, 그 가입자 수는 실적 시즌에 공개된다. 그러므로 실적 시즌에 이를 체크하는 것은 기업의 멀티플, 나아가 기업의 가치 평가와 최종 단계의 모습을 구현하고 있는지 확인하는 중요한 절차다. 테슬라의 경우, 분기당 자동차 판매량과 같은 수치들이 실제로 올라가고 있는지가 중요한 이슈다. 바이오 기업이라면 실적이 아예 없을 수도 있다. 실적이 없다면 무엇을 확인해야 할까. 제약·바이오 기업이 개발하고 있는 각 신약 파이프라인*이 어느 단계, 어떤 과정인지 혹은 문제가 생기진 않았는지 등을 확인해야 한다. 결론은 키팩터를 체크해야 한다는 것이다.

요즘에는 실적 시즌이 아니어도 기업의 멀티플에 영향을 줄만한 키팩터를 발표하는 외부 공개 행사의 중요도가 높아지고 있다. 게임 회사들의 게임 컨퍼런스, 엔터 기업들의 아티스트 컴백 행사, 제약·바이오 기업들의 연례 학술대회와 같은 자리에서 기업의 주가를 좌우할 만한 키팩터 변화의 향연이 이뤄진다. 때로는 뜬금없이 트위터에 올라온 한 장짜리 차트로, 그 기업의 키팩터에 현저한 변화가 찾아왔음이 공개되기도 한다. 굳이 실적 시즌이 아니어도 많은 기업이 다양한 행사와 포럼 혹은 인터뷰나 SNS를 통해서 기업의 성장 전략이나 제품 시연회들을 열고 있다. 아마 이런 분위기는 미래에도 이어질 것이다.

잊지 말자. 성장은 상상력을 통해 만들어지고, 실적 시즌이든 비실적 시즌이든 키팩터를 확인하면서 기업이 제대로 성장하고 있

● 각 신약의 후보 물질 도출부터 최종 시판 허가를 받기까지의 전 개발 과정을 배관처럼 표현하는 것을 의미한다.

는지 파악해야 한다는 것을. 이런 확인이 가능할 때, 그 기업에 대한 투자 금액이 커질 수 있고 투자에 성공할 가능성도 커진다. 실제 부자들은 이런 식으로 투자하고 있다.

물타기가 아닌 불타기만을 하라

주식 시장에서 흔히 사용되는 용어 중 '물타기'라는 말이 있다. 종목이 하락한 상태에 추가로 투자하여 매수 평균 단가를 낮추는 것을 말한다. 1만 원에 매수한 주식이 8,000원이 되었는데, 8,000원에 한 주를 더 사면 평균 매수 단가가 9,000원이 되는 식이다.

이렇게 매입 단가를 낮추면, 주가가 9,000원으로만 회복해도 손익 제로의 상태, 즉 본전 상태가 된다. 물타기를 하지 않았다면 9,000원이 되었을 때 여전히 매입 단가 1만 원이므로 마이너스 1,000원으로 평가 손실 상태가 되기 때문에, 이런 경우에 물타기가 굉장히 유용해 보인다.

반대로 '불타기'라는 말도 있다. 불타기는 반대로 1만 원에 매입한 주식이 나중에 12,000원이 되었을 때 또 사는 것이다. 그러면 평균 매입 단가 11,000원인 주식을 두 주 보유한 상태가 된다.

수많은 개인 투자자가 저평가된 주식을 찾아서 투자하고, 매입 후 주가가 하락하면 더욱 저평가가 되었다고 생각한다. 저평가된 주식에 자본을 더 투자하는 것이 가치 투자라고 생각하면서 자연스럽게 물타기를 한다. 그러나 물타기는 가난으로 이끄는 투자의 전형적 방식이다.

물타기의 최종 단계는 무엇일까. 투자 자산 1억 원인 사람이 5,000만 원으로 A라는 주식을 주당 1만 원에 매입했다고 가정해보자. 이후 주가가 하락하여 주식은 주당 8,000원이 된다. 그러자 그는 이 주식이 더욱 저평가되었다고 생각하면서 5,000만 원을 재투자한다. 이제 A라는 주식의 평균 매수 단가는 9,000원. 결국 투자 자본 1억 원을 전부 이 주식에 투입하게 됐다. 이후 그가 A라는 주식 투자에 있어서 할 수 있는 것은 무엇일까. 파는 것 외에는 아무것도 없다.

8,000원이던 주가가 다시 7,000원으로 추가 하락했다고 생각해보자. 평균 매입 단가가 1만 원이 아닌 9,000원이니, 이 주식이 7,000원이 된 것은 마이너스 2,000원, 즉 약 22%의 평가 손실을 낳았다. 평균 매수 단가 1만 원이었다면 마이너스 30%의 평가 손실이었을 텐데 그보다는 나으니 위안을 받을 수 있을까.

물타기를 통해 하락하는 종목에 더 많은 자본이 배분될수록, 거의 모든 투자자는 사실상 할 수 있는 대응이 거의 없다. 인디언 기우제(인디언들이 기우제를 하면 반드시 비가 오는데, 그 이유는 비가 올 때까지 기우제를 하기 때문이다)처럼 할 수 있는 것이라곤 기도밖에 없는 것이다.

혹자는 물타기를 해야 주가가 소폭 상승해도 포트폴리오 수익률을 지킬 수 있는 것이 아니냐고 물을 것이다. 평균 매수 단가 1만 원인 것보다, 평균 매수 단가 9,000원인 상태가 유리하다는 생각이다. 그러나 주가가 이미 1만 원에서 8,000원으로 20% 하락한 상태에서 물타기를 하는 것은, 추가 자본 투입을 통해 포트폴리오 전체가 회복할 수 없는 손실을 기록할 가능성을 만든다는 점에서 결코 해서는 안 되는 일이다.

한편 불타기는 어떨까. 1만 원에 산 주식이 12,000원이 되었을 때 추가 매수, 즉 불타기를 하여 평균 매수 단가를 11,000원으로 만든다. 이 상황에서 주가가 추가 상승한다면 포트폴리오 전체의 수익성이 개선된다.

그런데 물타기로 8,000원이 된 주가가 다시 9,000원으로 상승하면 손실이 만회되기 때문에 결국 물타기와 불타기의 상황은 같지 않느냐고 반문할 수도 있다. 이런 지적은 나름 의미가 있다. 많은 투자서가 상승하는 종목을 언제 추가 매수해야 할지 알려주지 않는다. 그런 맥락에서 불타기 역시 아무 때나 해서는 안 되며, 반드시 해야 하는 시점이 존재한다.

추가 매수는 언제 해야 할까

이제 중요한 시점, 즉 주식을 언제 더 사고 비중 조절을 해야 할지에 대한 개념을 잡아야 할 때다.

종종 언론에서는 20년 전이나 10년 전에 (지금 시점에서) 10배, 100배 오른 기업에 투자했으면 인생이 달라졌을 거라고 말한다. 그런데 이런 이야기는 현실감이 전혀 없는 소설 속 이야기다. 마치 미래를 훤히 알고 있어서 10년 전 테슬라에 전 재산을 투자한 사람을 찾는 일은 불가능하듯 말이다.

예를 들어보자. 8년 전으로 돌아가 2012년 6월 22일 테슬라의 모델S가 처음 출시되던 날, 테슬라의 주가는 30달러대, 시가총액은 6조 원이었다. 이때 테슬라에 전 재산을 투자한 사람은 사실상 없다고 봐도 무방할 것이다. 그러나 운 좋게 소액인 1,000달러 정도를 투자한 사람은 많을 것이다.

주식에 투자한 후 추가 매수는 언제 해야 할까. 앞에서 다뤘지만, 매수한 시점에서 해당 기업에 대한 '최종 상태'에 대한 적절한 전망이 이뤄진 상태일 때다.

가령 글로벌 시장에서 1년에 차량 1억 대가 판매되는 수준일 때, 전기자동차는 고작 5만 대 정도가 팔렸다(2012년, 미국 기준). 테슬라는 2012년 모델S를 출시하면서 약 5,000대를 목표한 수준이었다. 즉, 전체 자동차 시장에서 전기자동차는 1%, 테슬라는 전기자동차 시장의 1%가 되지 않는 그야말로 눈곱만 한 비중이었다.

그러나 테슬라 전기자동차를 보고서 파괴력을 느꼈다면, 상상력을 발휘해 최종 상태 밸류에이션을 해볼 만했을 것이다. '전기자동차는 미국에서 5%까지 성장할 것이다. 그리고 테슬라 기종의 인기가 높으니 전기자동차 내에서 점유율 20% 정도는 될 것이다'와 같은 상상력 말이다. 좀 더 구체적인 수치를 들자면 미국 내 자동차 판매량을 약 2,000만 대로 가정하고, 그중 전기자동차 판매는 점유율 5%인 100만 대로, 다시 그중 테슬라 판매는 점유율 20%인 20만 대로 상상해보는 것이다.

이런 상상은 약 5,000대 판매를 목표로 하는 회사에 대해서는 말도 안 되는 수치이겠지만, 터미널 스테이지에 대한 상상력은 이와 같은 것이다. 물론 지금 테슬라는 이 목표 수치를 뛰어넘었다.

이처럼 성장하는 기업에 투자한 투자자들은, 기업의 성장 경로를 예상하고 투자 자본을 투입한다. 분기 실적 시즌이나 여러 자동차 판매 관련 통계, 뉴스 등을 통해 테슬라 판매량이 증가하는 것을 확인하면서 비중을 추가한다는 의미다. 즉, 2012년에 미래를 점지하듯 테슬라에 전 재산을 투자한 사람은 거의 없지만, 테슬라의 미래를 상상하고 해당 기업의 판매량을 분기·연도별로 확인하면서 서서히 비중을 늘려나가 최종적으로 10억 원 이상 투자한 사람은 많다는 의미다. 그리고 이것이 바로 불타기다.

테슬라뿐이 아니다. 제약·바이오 산업에 투자할 때 사람들은 바이오 기업의 신약 개발 파이프라인을 확인하면서 추가 매수, 매도, 유지 등의 선택을 한다. 불타기를 할지 결정하는 것이다. 처음부터 미래를 모두 내다보고 투자하는 것이 아니라, 그 기업이 약속한 경로를 잘 가는지 혹은 본인의 상상대로 제대로 가는지 정도를 확인하면서 최종 목적지에 가까워진다고 느껴지면 점차 비중을 늘리는 것이다. 그렇기 때문에 불타기나 물타기와 같은 행위는 반드시 성장 경로의 중요한 지점들을 확인하면서 해야 한다. 그런 성장 경로를 '마일스톤Milestone'이라고 하며, 불타기와 물타기는 마일스톤 베이스로 이뤄져야 한다.

자본 투자는
언제 늘려야 할까

성장주 투자는 반포나 압구정 아파트 재건축과 비슷한 면이 있다. 초기 단계의 재건축, 즉 조합 집행부가 생기고 안전진단을 받는 과정이 원활히 진행되면 재건축 아파트의 가격은 상승한다. 또 조합설립인가를 받으면 상승하고, 사업시행인가를 받으면 상승하며, 시공사 선정을 할 때도 상승한다. 관리처분인가를 받으면 역시 상승한다.

왜 그런 것일까. 미래의 모습이 점차 구체화되기 때문이다. 미래의 모습이 구체화되는 정도에 맞춰 시장 가격이 합리적으로 결정되는 것을 볼 수 있는데, 이것이 재건축 아파트 가격 변화가 보여주는 시장성이다.

반대로 재건축 추진 과정 중에 예상치 못한 장벽이 등장하거나 재건축 조합이 해산하는 일이 생기면 해당 재건축 아파트는 심각한 가격 하락을 경험한다. 조합원들, 즉 주주 간 소송으로 인해 현 경영진이 일제히 퇴임하고 추가 집행부가 나오지 않아서 재건축이 장기간 표류하면, 미래 가치가 현재화되는 시점이 지연될 것이다. 혹은 제도가 변화해 분양가상한제를 적용받아 개발 이익이 크게 감소하면 역시 영향을 받을 수밖에 없다. 물론 그런 고난에도 불구하고 해당 조합이 계속 전진할지 보류할지는 조합의 역량이다.

성장주 투자 역시 이런 성장 경로를 구체화하고, 미래 모습을 이미지화하면서 청사진을 수립하는 일이다. 또 미래 가치를 적절히 추산하여 이를 현재 가치화하되, 성장 경로가 제대로 진행되는지 일일이 확인하면서 투자하는 것과 같다. 여기서 바로 불타기, 즉 상승하는 주가에 추가적으로 자본을 투자하게 된다. 물론 불타기를 하지 않아도 된다. 그러나 미래가 희미할 때 거대한 자본을 투자하는 것은 도박에 가깝다. 미래의 모습을 확인하면서 자본 투자를 점차 늘리는 것이 성공하는 투자의 길이다.

네이버의 주가를 통해 알 수 있는 것

국내 플랫폼을 대표하는 네이버의 주가 흐름도 비슷하다. 네이버는 1997년에 조직된 삼성SDS의 사내 벤처 '웹글라이더'가, 현 이해진 의장과 함께 1999년 서비스를 시작하면서 출범했다. 인터넷 초창기에는 검색 포털인 네이버가 고전했다. 그러다가 2000년 초 '지식in'이라는 서비스를 통해 검색 분야에서 압도적 성과를 내면서, 다음DAUM 포털 중심에서 네이버 포털 중심의 시대가 된다. 2003년, 네이버는 검색엔진 분야 1위로 한국을 대표하는 포털이 된 것이다.

그러나 2010년대 모바일 시대가 되면서 카카오 등의 등장으로 네이버는 다소 뒤처진 모습을 보인다. 그러다 새로운 성장 동력이 된 것은 NHN재팬이 만든 '라인LINE'이라는 모바일 메신저였고, 이 서비스는 일본·태국·동남아에서 5억 명이 넘는 플랫폼 사용자를 만들어내면서 성공한다. 라인은 이후 2016년 미국과 도쿄에 동시 상장하게 되고, 네이버 주가 역시 재평가되는 시대를 맞이한다.

이후 네이버는 지속해서 여러 서비스를 출시했고, 2019년부터 광고 서비스, 네이버 웹툰, 네이버 페이의 성장이 본격화되면서 주가 역시 완전히 새로운 흐름을 보이기 시작한다. 네이버쇼핑 등 커머스의 경쟁력은 나날이 올라갔고, 2020년에는 네이버 통장까지 나오면서 금융 분야에도 진출한다.

아마 네이버는 앞으로도 지속해서 새로운 서비스를 출범하고 이를 수익화하는 과정을 반복하면서 외형적인 성장을 이어가지 않을까 싶다. 이처럼 한 기업이 지속해서 성장하고 새로운 성장 동력을 만들어내는 것을 확인하면서 투자자들 역시 점차 그 기업에 대한 투자 비중을 높이는 것이 전형적인 불타기의 방법이다.

워런 버핏이 아마존 주식을 매입하기 시작한 시점

실제 훌륭한 투자자들은 각 기업이 그리는 미래에 대한 마일스톤을 확인하면서 점차 매수 비중을 늘리는, 불타기식 투자를 한다. 워런 버핏이 아마존이나 애플 주식을 매입하기 시작한 시점은 그런 성장 경로에 대한 구체성이 충분히 확인된 시점이라고 보는 것이 맞다.

이쯤에서 주식 증권 애플리케이션을 열고 자신이 투자한 기업들을 살펴보라. 각 기업의 마일스톤과 키팩터가 무엇인지 알고 있는가. 그 기업의 PER이 얼마인지 묻는 것이 아니다. 성장을 향해 가는 경로를 알고 있는지에 대한 질문이다. 다음 분기의 실적 발표 자료나 IR 자료에서 가장 중요하게 읽어야 할 내용이 무엇인지를 확인하고 있는지에 대한 이야기다. 이것은 당장의 수익률보다 중요하고, 이것을 알고 있다면 당신은 이미 부자가 된 것이나 다름없다.

그러나 설령 매수한 주식이 상승했어도 그 기업의 미래를 그리지 못하거나, 키팩터를 모르거나, 마일스톤을 체크하지 못하고 있다면 그 투자는 실패할 가능성이 크다. 어쩌면 이미 수익률이 마이너스일 것이다. 둘 중 어떤 투자가 자산을 불려줄까. 답은 정해져 있다.

3장

절대 수익을 안겨줄
100배 성장 산업과
투자 아이디어

제약·바이오 산업: 우사인 볼트가 깬 패러다임

키팩터 – 신약 개발 가치와 신약 임상 단계

2009년 베이징올림픽 남자 $100m$ 달리기 결승전에서, 우사인 볼트가 9.58초라는 세계 신기록으로 우승했다. 지금이야 남자 $100m$ 달리기 선수들이 10초 안에 들어오는 것을 당연하게 여기지만, 50년 전만 해도 10초 안에 들어올 것을 생각한 사람은 없었다. 그러다 1968년 10월 14일, 미국의 짐 하인스가 $100m$를 9초 95로 완주하면서 최초로 10초 벽을 깼고, 그다음부터는 마법처럼 거의 모든 선수가 10초 안에 들어오기 시작했다. 종전에 10초 벽은 돌파할 수 없는 마의 벽으로 느껴졌지만, 한 번 깨기 시작하니 누구나 쉽게 정복할 수 있는 낮은 담장이 된 것이다. 이처럼 사람들이 기존에 갖고 있던 거대한 인지 체계나 사고방식의 기반이 달라지는 것을 바로 '패러다임 전환'이라고 한다.

투자 아이디어 중 하나는 패러다임 전환을 주도하는 기업에 투자하라는 것이다. 패러다임이란 한 시대 사람들의 견해나 사고를 근본적으로 규정하고 있는 테두리다. 인식 체계나 사물에 대한 이론 체계를 의미하는 개념으로, 미국의 철학자 겸 과학자인 토머스 쿤이 제안한 단어다. 그는 코페르니쿠스를 연구하면서, 지동설이 과거 시대의 사람들이 갖고 있던 천동설이라는 인식 체계를 바꾸었다는 것을 발견하고 이러한 변화를 패러다임 전환이라고 불렀다.

우주의 중심은 지구이고, 모든 천체는 지구의 둘레를 도는 줄 알았는데 알고 보니 아니었다거나, 100m를 10초 안에 들어올 수 없다고 생각했는데 10초 안으로 들어올 수 있었다거나, 인류가 전염병으로 인해 상상할 수 없는 충격을 받을 수도 있다는 점 등이 앞서 말한 패러다임 전환에 해당하는 사례일 것이다.

투자의 관점에서도 패러다임 전환을 주도하는 기업들이 있다. 사람이 운전할 필요가 없는 자율주행을 추진하는 테슬라나 택시를 소유하지 않은 택시 서비스 '우버', 인공 지능 분야를 선도적으로 개발하면서 알파고를 통해서 전 세계인에게 충격을 안겨준 '구글'이 대표적 기업에 해당할 것이다.

패러다임 변화를 주도한 제약·바이오 기업들

우리나라에서도 패러다임 전환이 나타난 산업 분야가 많다.

내 생각에는 아마도 제약·바이오 산업이 패러다임 변화에 부합하는 기업이 아닐까 싶다.

그저 그래 보이는 국내 제약 회사들에 대한 패러다임 전환이 나타난 것은 2015년이었다. 2015년 한미약품은 일라이 릴리 앤드 컴퍼니(이하 일라이 릴리), 베링거 인겔하임, 사노피, 얀센 등 이름만 들어도 알 만한 글로벌 제약사에 연달아 6건의 대규모 기술 이전 계약을 체결했다는 공시를 올린다. 소위 '기술 수출' 시대의 서막이었다.

신약 기술 수출이란 국내 제약사들이 글로벌 시장에 판매할 수 있을 것으로 기대되는 신약 R&D(연구 개발) 기술을 글로벌 제약사에 제공하거나 권리를 이전하고, 그 대가로 로열티를 지급받는 것을 말한다. 즉, 신약의 임상 단계를 자체적으로 진행하다가, 일정 단계가 되면 글로벌 제약사들에게 기술 수출을 하거나 공동으로 연구를 진행하거나 해당 물질 개발과 판매 권한을 완전히 이전하여 로열티를 받는 것이다.

이전에도 기술 수출이 없던 것은 아니었지만, 2015년은 그 규모나 내용 면에서 완전히 새로운 시대가 등장한 것이나 다름없었다. 신약 기술 수출이라는 패러다임이 제약·바이오 섹터의 체질 변화를 주도한 것이다. 한미약품은 그해 2월 다중표적 항암 신약인 '포지오티닙'을 기술 이전하고, 4월에는 면역 질환 치료제 'HM71224'를 일라이 릴리에 무려 7,000억 원에 이르는 금액으로 기술 수출한다. 7월에는 베링거 인겔하임과 내성 표적 항암 신약 '올무티닙'의 기술 이전 계약을 7.3억 달러(약 8,369억 원)에 체결하고, 11월에는 프랑스의 사노피와 '에페글레나타이드', 지속형 인슐린, 지속형 인슐린 콤보 세 건을 약 총 39억 유로, 원화로 무려 약 4조 8,372억 원에 계약 체결한다. 2016년도 마찬가지였는데, 9월에는 미국의 제넨텍과 RAF 표적 항암제 'HM95573'의 기술 이전 계약을 9.1억 달러(약 1조 81억 원) 규모로 맺는다. 특히 2015년 4월 일라이 릴리에 수출을 시작하고 계약금 규모가 몇천억 원 수준을 돌파하기 시작하면서, 시장에 패러다임 변화가 일어나고 있음을 알렸다.

한미약품의 기술 수출 이전에 국내 주식 시장에서 제약·바이오 섹터의 비중은 불과 1.2%였다. 당장 한미약품의 주가도 2014년 7만 원 수준에 불과했다. 그런데 한미약품이 기술 수출을 시작하면서 제약·바이오 섹터의 시가총액 비중은 순식간에 2.3%로 곧바로 두 배 증가했다. 2020년 현재는 시가총액 비중이 12%가 넘는데, 제약·바이오 산업의 규모가 2015년부터 2020년까지 5년간 약 10배 성장했다는 의미와 같다. 그리고 이런 패러다임 변화를 선도했던 한미약품의 주가는 2015년 11월 13일, 최고 76만 원까지 약 10배 이상 상승했다. 10배 상승 종목이 출현했고, 그것도 1년이 채 안 되는 기간에 10배 상승한 것이다.

한미약품의 기술 수출은, '우리나라 제약·바이오 기업들의 신약 개발 기술력이 신약 개발 단계에서 수출할 수 있을 정도로 높구나'라는 인식 체계의 전환을 갖고 왔다. 그렇다면 달라진 인식 체계는 주가에 어떤 영향을 주었을까.

패러다임이 바뀌면 멀티플이 폭발한다

'P=E×M(주식 가격=주당 순이익×멀티플)'이라는 산식을 기억하면, 이런 패러다임의 변화는 곧바로 멀티플을 변화시킨다는 것을 알 수 있다.

물론 한미약품의 경우, 기술 수출로 실적이 개선되어 큰 폭의 주가 상승이 이어졌다고도 할 수 있다. 그러나 그 당시 기술 수출이란 개념은 거의 없었고, 있어도 금액이 소액이었다. 즉, 원래 수행했던 기술 수출은 이익, 즉 E(주당 순이익)의 변화였지 멀티플의 변화는 아니었다. 한국 제약·바이오 산업이 글로벌 제약사에 기술을 수출할 수 있을 거라는 시장의 인식조차 희미했었다. 그런데 일라이 릴리에 대한 수출을 기점으로 인식 변화가 생긴 것이다. 특히 한미약품이 수천억 원, 나아가 수조 원의 계약을 체결하기 시작하자, 한미약품뿐만이 아니라 국내 제약회사들의 기술력까지 인정받게 됐다.

이처럼 한 기업에 의해서 패러다임 변화가 나타나자, 신약을 개발하는 다른 제약·바이오 기업들에 대한 시장의 대우가 달라지기 시작했다. 한미약품이 수출했으니 다른 회사도 가능할 것이라는 생각이 든 것이다. 그리고 시장은 곧바로 국내 제약·바이오 섹터의 기업에 대한 멀티플을, 아직 수출이 일어나지도 않은 상태임에도 불구하고 높여주었다. 제약·바이오 섹터 기업의 주가가 일제히 상승하기 시작한 것이다.

이런 과정을 거치면서 자연스럽게 제약·바이오 섹터 기업의 키팩터는 신약 개발 파이프라인이 돼 갔다. 신약 개발 일정과 그 가치에 따라서 주가가 변하기 시작한 것이다. 기술 수출이 만든 변화였다. 지금도 제약회사의 주가는 신약의 미래 가치와 현재의 임상 단계를 키팩터로 움직인다.

물론 한미약품의 경우, 2016년 베링거 인겔하임에 수출했던 기술이 반환되면서 상승하던 주가가 본격적으로 하락하기 시작한다. 임상 2상 실험*을 위한 기술 수출을 하면서 기술적 우위를 확보한 듯했지만, 임상 2상 단계에서 별다른 성과가 없거나 3상 단계까지 진행하지 못하면서 기술 반납이 진행된 것이다. 올무티닙의 경우는, 2016년 9월 베링거 인겔하임에 기술 수출했던 비용 7.3억 달러 중 최종적으로는 1/10도 안 되는 6,500만 달러만을 받으면서 기술 수출 신화의 막을 내렸다. 2018년에는 중국 자이랩에 판매했던 9,200만 달러의 올무니팁 판권도 반환받았고, 2019년 1월에는 기술 수출의 서막을 열었던 일라이 릴리의 경구용 류마티스 관절염 치료제 HM71224의 권리도 반환받았다. 이 계약은 7.65억

● 의약품이 시판되기 위해 연구 단계인 임상 1~3상 실험 단계를 거쳐야 하는데, 임상 2상 실험은 환자를 대상으로 의약품의 효능, 용량, 부작용 등에 대해 확인하는 실험이다.

달러 규모였으나 무산됐다. 7월에는 얀센으로부터, 또 당뇨 신약인 에페글레나타이드조차 사노피 측에서 반환하겠다고 통보했다. 이런 반환 과정을 거치면서 한미약품의 주가도 대폭 하락할 수밖에 없었다. 이렇게만 보면 기술 수출 과정이 실패만으로 점철된 것처럼 보일지 모르겠다.

그러나 기술 수출이 패러다임을 전환한 것만은 분명했다. 여러 건의 실패에도 불구하고 기술 수출을 통해 제약·바이오 기업의 멀티플이 높아진 상태에서, 제약·바이오 섹터 기업들의 주가의 키 팩터가 신약 개발 파이프라인이라는 점만은 변하지 않았다. 이로 인해 신약 개발을 하는 기업들에 대해서 시장은 얼마든지 후한 평가를 했는데 이는 멀티플 상승이 유지됐다는 의미다. 즉, 기술 수출이라는 패러다임 전환이 고착화된 것이다.

제약·바이오 섹터 대장주의 탄생

기술 수출이라는 패러다임의 변화를 승계한 것은 2017년부터 2019년까지 높은 주가 상승률을 동반한 신라젠, 셀트리온, 삼성바이오로직스, 헬릭스미스, 에이치엘비 등으로 대표되는 제약·바이오 기업들이었다. 이들 기업은 한미약품과는 다르게, 임상 실험의 마지막 허들로 인식되어온 임상 3상 실험 단계에서 기술을 수출하지 않고, 임상 3상 실험을 직접 수행했다. 직접 임상 3상 실험을 추진하면서 한미약품보다 한 단계 더 나아가는 모습을 보였다.

특히 임상 3상 실험의 주인공 중 하나는 셀트리온이었다. 셀트리온은 제약·바이오 주식의 아버지 격이자 대장에 해당하는 종목으로, '램시마'라는 바이오시밀러 제품의 미국 판매 허가를 위해 임상 3상 실험을 추진한 기업이다. 의약품은 일반의약품과 바이오의약품으로 나뉘고, 일반의약품의 복제품을 '제네릭Generic'이라고 부르는데, 마찬가지로 바이오의약품을 복제한 것이 바로 '바이오시밀러Biosimilar'다. 원본 약품인 바이오의약품의 특허 만료가 2019년 전후에 밀집하면서, 전 세계 제약·바이오 기업에서 바이오시밀러에 대한 기술 개발 욕구가 불타올랐다. 블록버스터급 바이오의약품의 특허가 만료되면 이를 복제한 바이오시밀러의 판매가 확대될 것이 분명했기 때문이었다.

제약·바이오 시장에서 바이오의약품 매출 1위 제품은 관절염 치료제인 '휴미라'로, 2위 제품과 2배 정도의 매출 차이가 난다. 2위는 '레블리미드', 면역 항암제인 '키트루다', 같은 면역 항암제인 '옵디보', '엔브릴' 등이다.

국내 기업 중에서는 셀트리온과 삼성바이오로직스, 삼성바이오로직스의 자회사인 삼성바이오에피스 등이 바이오시밀러를 개발하고 있다. '램시마'는 얀센의 류머티즘 관절염 치료 신약인 '레미케이드'를 복제한 바이오시밀러다. 셀트리온은 '리툭시맙'의 바이오시밀러인 '트룩시마', 초기 유방암 전이성 치료에 효과가 있는 '트라스트주맙'의 바이오시밀러인 '허쥬마'를 개발 완료하고, 이 세

종의 바이오시밀러를 모두 시판하고 있다. 블록버스터급 바이오의
약품의 바이오시밀러를 개발·시판하면서 전 세계 바이오시밀러
업계의 선두 주자로 올라선 셀트리온의 주가가 상승하는 것은 당
연한 일이었다.

2016년 11월 상장한 삼성바이오로직스도 바이오시밀러 개
발을 진행했다. 삼성바이오로직스는 135,000원으로 상장한 후,
2017년 바이오시밀러 개발 진행과 함께 2년 만에 주가가 3.5배
이상 상승하는 전형적인 성장주의 모습을 보여줬다. 삼성이라는
타이틀 때문이 아닌 삼성바이오로직스가 개발한 바이오시밀러인
'SB3'('허셉틴'의 바이오시밀러), 'SB8'('아바스틴'의 바이오시밀러) 덕

순위	2018년 매출 전망(단위: 10억 달러)		2019년 매출 전망(단위: 10억 달러)	
1	휴미라	20.2	휴미라	20.97
2	레블리미드	9.2	레블리미드	10.94
3	엔브릴	7.3	키트루다	9.17
4	아일리아	6.5	옵디보	7.80
5	아바스틴	6.4	엘리퀴스	7.69
6	리툭산	6.4	아일리아	7.32
7	허셉틴	6.4	자렐토	6.98
8	레미케이드	6.3	엔브릴	6.65
9	키트루다	6.1	아바스틴	6.30
10	자렐토	6.1	프리베나 13	5.82

▲ 2019년 의약품 글로벌 매출 순위 전망(출처: 이벨류에이트)

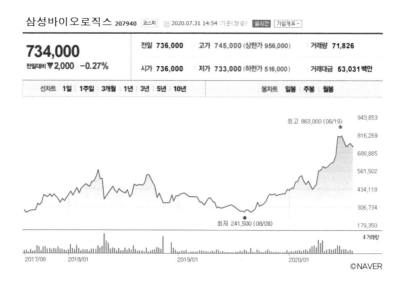

셀트리온 068270 코스피 2020.07.31 14:52 기준(장중) 실시간 기업개요▾

296,500
전일대비 ▼3,500 -1.17%

| 전일 300,000 | 고가 306,000 (상한가 390,000) | 거래량 651,132 |
| 시가 300,000 | 저가 296,000 (하한가 210,000) | 거래대금 195,163 백만 |

선차트 1일 1주일 3개월 1년 3년 5년 10년   봉차트 일봉 주봉 월봉

최고 374,000 (01/12)

409,507
353,214
296,921
240,627
184,334
128,041
71,748

최저 99,225 (08/04)

거래량

2017/08   2018/01   2019/01   2020/01

©NAVER

▲ 셀트리온의 주가 변화

삼성바이오로직스 207940 코스피 2020.07.31 14:54 기준(장중) 실시간 기업개요▾

734,000
전일대비 ▼2,000 -0.27%

| 전일 736,000 | 고가 745,000 (상한가 956,000) | 거래량 71,826 |
| 시가 736,000 | 저가 733,000 (하한가 516,000) | 거래대금 53,031 백만 |

선차트 1일 1주일 3개월 1년 3년 5년 10년   봉차트 일봉 주봉 월봉

최고 863,000 (06/19)

943,653
816,269
688,885
561,502
434,118
306,734
179,350

최저 241,500 (08/09)

거래량

2017/08   2018/01   2019/01   2020/01

©NAVER

▲ 삼성바이오로직스의 주가 변화

분이었다. 또 바이오로직스의 자회사인 바이오에피스도 '플릭사비', '베네팔리', '렌플렉시스'와 같은 바이오시밀러 제품을 개발했다. 바이오에피스의 파이프라인은 13개나 됐다. 즉, 한미약품으로부터 시작된 신약 개발 파이프라인이라는 키팩터가 주가의 키팩터라는 점이 확인되는 순간이었다.

위기는 2019년에 찾아온다. 바이오시밀러나 신약 물질을 개발하던 신라젠, 에이치엘비, 헬릭스미스 같은 기업들이 일제히 임상 3상 실험에 실패하면서, 2017년 제약·바이오 산업에서 차지했던 지위를 내려놓는다. 이처럼 신약 개발은 하이 리스크 하이 리턴이라는 점이 명확히 드러났고, 특히 신라젠의 경우 훗날 범죄에 기소되는 등의 사건과 상흔을 남긴다.

불안한 제약·바이오 주식, 투자해도 될까

2020년 현재 제약·바이오 산업에 일어나고 있는 패러다임 변화는 바로 SK바이오팜이 주도하고 있는 변화일 것이다.

SK바이오팜은 앞서 살펴봤던 한미약품, 셀트리온, 신라젠으로 이어온 기술 수출과 임상 실험 모멘텀을 차근차근 밟아 진화한 최종 형태다. SK바이오팜은 그간의 국내 제약사들과 상당히 다른 면모를 보인다. 국내 기업이 스스로 임상 3상 실험부터 미국 시판까지 모두 자체적으로 획득하고, 이 과정에서 기술 수출을 하지 않고, 최종적인 시장 판매까지 모두 완료했다는 의미에서 스스로 진정한 신약 개발 기업이라는 것을 입증했다. 기술 수출이 아닌 기술 독립을 이뤄낸 것이다. 과거에 한미약품으로 대표되던 기업들이 신약 개발 과정에서 글로벌 제약사와의 공조를 토대로 신약 개발을 추가로 진행했다면, SK바이오팜부터는 독립적으로 신약을 개발하고 시판까지 책임질 수 있는 기술적 독립을 확보한 것이다.

이런 패러다임 변화가 오직 SK바이오팜에서만 가능할까. 다른 제약·바이오 기업들은 이런 성취를 해낼 수 없을까. 아마 아닐 것이다. 왜냐하면 어느 한 기업이 해내면 곧 다른 기업들도 해내기 때문이다. 과거 100m 달리기 10초의 벽을 짐 하인스가 깬 이후 점점 더 빨라지기 시작했고, 급기야 9.58초를 기록한 우사인볼트가 등장한 것처럼 SK바이오팜의 등장 이후 기술 독립은 지속해서 일어날 것으로 짐작된다.

그래서 제약·바이오 관련 기업에 투자한다면 반드시 각 회사가 보유한 R&D 파이프라인을 키팩터라고 인식하고, 각 파이프라인의 현재 진행 상황과 가능성에 대해 파악해야 한다. 만약 키팩터에 변화가 생겨서 주가가 방향을 잡고 상승하거나 하락하기 시작한다면 멀티플도 변화할 것이다. 이때 투자자들은 어떻게 그 움직임의 종점, 즉 최종 성장 상태 단계를 밸류에이션 해야 할까.

훌륭한 애널리스트들은 이미 각 신약 파이프라인의 미래 가치를 추정하고 도달하는 데 걸리는 기간과 확률을 적용하고, 이를 현재 가치로 환산하여 제약·바이오 기업의 가치를 평가한다. 2017년 해당 섹션의 애널리스트*는 고속 성장 기업인 셀트리온의 램시마, 트룩시마, 허쥬마의 개발 단계와 시판 승인 과정에 대한 전망을 토대로, 각 제품이 시판됐을 때 낼 수 있는 매출액과 이익 추정치를 연도별로 정리하여 전망했다. 그리고 미래의 현금 흐름 전체를 그 기업의 자본 조달 비용인 WACCWeighted Average Cost of Capital, 가중 평균 자본 비용으로 환산하여 현재 가치를 평가했다.

그런 방식으로 2017년 7월 9일 셀트리온에 대한 보고서가 나온 후, 셀트리온 주가는 불과 6개월 만에 117,000원에서 297,000원으로 2.5배 상승했다. 무형 자산과 기술 기업에 대한 훌륭한 애널리스트의 가치 평가가 실제 시장에 영향을 준 순간이었다.

●   하나금융투자 선민정 애널리스트

반도체 산업:
삼성전자는 영원할까

키팩터 – 반도체 가격과 수요, 생산 설비 투자

'치킨게임'. 그간 글로벌 반도체 산업을 표현하던 단어였다. 1970년부터 D램(반도체 기억소자) 시장은 그야말로 총성 없는 전쟁터였다. 2007년, 대만 D램 제조사들의 저가 밀어내기로 인해, 고성능 메모리 반도체인 512MB DDR2 램 가격이 무려 0.5달러(500원) 수준까지 떨어진다. 2006년의 6.8달러 대비 1/10토막이 난 것이다. 1GB D램 역시 0.8달러 수준까지 떨어진다. 이때의 치킨게임으로 인해, 2009년 독일 D램 제조사이자 한때 세계 2위 수준의 D램 생산업체 키몬다가 파산한다. 치킨게임은 2008년 정점에 달했는데, 이때는 삼성전자를 제외한 SK하이닉스, 마이크론 역시 모두 5,000억 원 수준의 적자를 냈다.

이후 D램 가격이 정상으로 회복되면서 대부분의 반도체 기

업들이 흑자를 냈으나 다시 2010년대 대만과 일본 기업들이 반도체 생산을 위한 생산 설비 투자CAPEX, Capital Expenditure를 진행하면서 다시 D램 가격이 급락한다. 투자자들이 다시 (공급이 넘칠 게 뻔한) 치킨게임이 시작될 것을 예측하고 주식을 팔기 시작했기 때문이다. 그리고 실제 공급 과잉으로 1GB DDR D램 가격이 1달러를 하회한다. 이때 일본의 D램 업체인 엘피다는 5분기 연속 적자를 기록하고, 일본 정부의 공적 자금 지원에도 불구하고 결국 미국의 마이크론에 인수된다.

이러한 두 번의 거대한 치킨게임으로 반도체 산업은 삼성전자, SK하이닉스, 마이크론의 빅3 체재로 개편된다. 그러나 2014년 이후 중국의 반도체 굴기崛起 전략에 따라 새로운 공급자들이 시장에 등장하는데, 푸젠진화, 허페이창신, YMTC(양쯔강 메모리 테크놀로지)와 같은 기업들이었다. 늘 그렇듯 중국 공급자가 등장하면 어느 산업이든 항상 공급 과잉 문제가 따라왔다. 그렇게 반도체 산업은 다시 한 번 중국 반도체 굴기의 희생양이 될지 모른다는 우려가 따라붙었다.

그런데 중국 반도체 굴기에도 불구하고 2016년부터 반도체 기업들의 실적이 개선되기 시작한다. 하지만 이때까지는 다들 실적에 큰 의미를 두지 못했다. 다들 중국발 공급 과잉을 예상했기 때문이다.

반복되는 치킨게임

그런 맥락에서 2017년 초반 반도체 섹터의 주식 시장은 흥미로웠다. 이미 2016년부터 미국 기술 기업들은 D램, 낸드NAND, LCD, OLED 등 각 반도체나 디스플레이 전 부문에서 IT 혁명을 주도하고 있었다. 그에 따른 수요 폭발과 공급 부족에 따른 호황이 진행되고 있었는데, 반복적인 공급 과잉 전쟁, 즉 치킨게임에 따른 시장 전망이 극명하게 엇갈리면서 주가는 방향성을 잡지 못하고 횡보했다. 왜냐하면 반도체 산업은 수요 초과로 가격이 상승하면 공급이 대규모 증가하고, 다시 공급 과잉이 되면 가격이 하락하고 이익이 감소하는 사이클 산업이라는 인식이 주를 이루었기 때문이다. 주가 역시 반도체 가격이 상승하면 이익이 증가한다는 것을 선반영하여 상승했다가, 삼성전자가 대규모 생산 설비 투자를 단행하면 다시 하락하는 상황이 반복되고 있었다.

그런데 이때 본격적인 산업의 변화가 나타나기 시작한다. 2017년부터는 흥미롭게도 공급 확대가 더뎌지기 시작했다. 왜냐하면 반도체 공정 기술의 발전 수준이 임계치에 도달했고, 다시 한번 기술적 도약이 필요했기 때문이다. 그리고 기술적 도약을 위해서는 완전히 새로운 장비 체제를 확보해야만 했다. 즉, 설비 투자를 위해서는 종전보다 더 막대한 돈이 투자돼야 한다는 의미였다.

당시 삼성전자 반도체 총괄 김기남 사장이 한 강연에서 "반도체 미세화 공정의 한계에 대해 이야기하면 이론적으로 1.5nm 구현

가능하며, 실제 기술적으로도 3~5nm까지도 문제없을 것으로 본다"라고 발언한다. 이 발언을 들은 애널리스트들은 수년 내에 반도체 미세화에 기술적 한계가 찾아올 것이라는 것을 직감한다. 왜냐하면 이미 10nm 이하 수준의 반도체가 상용화되고 있는데 남은 목표까지는 얼마 남지 않아 보였고, 3~5nm까지 기술적으로 구현한다면 그 이상 미세화하는 것은 한계가 있을 것이라고 느꼈기 때문이다.

자연스럽게 반도체를 대규모로 공급하기 위해 적극적으로 투자하려는 계획들도 다소 주춤하기 시작한다. 치킨게임으로 시작한 반도체 사업이 기술적 장벽 앞에서 다들 멈춰서기 시작하는 것처럼 보이는 순간이었다. 돈만 있으면 투자할 수 있다는 과거 방식의 패러다임에 변화가 나타난 순간이었다.

삼성전자, SK하이닉스의 주가가 급상승한 이유

그런데 투자자들이 관심을 가진 시점은 바로 이때였다. 주식시장에서 반도체 산업과 기업의 주가는 수요와 공급, 반도체 가격이라는 가장 교과서적인 키팩터를 갖는데, 키팩터의 변화가 확연하게 나타났기 때문이다.

공급 확대가 다소 소강 상태에 이르렀을 때, 갑자기 새로운 수요가 밀려들기 시작한다. 바로 글로벌 인터넷 서비스 기업들이 만든 폭발적 수요였다. 바야흐로 고용량 스마트폰, 태블릿 등 클라우드의 시대가 찾아온 것이다.

2016년부터는 미국 FAANG 기업(미국 IT 산업을 선도하는 페이스북, 아마존, 애플, 넷플릭스, 구글을 일컫는 용어)들의 실적이 도드라지기 시작했는데, 핵심은 클라우드였다. 마이크로소프트, IBM, 아마존, 인텔을 포함해 SAP, VMware 등 클라우드 컴퓨팅 관련 부문 매출액 증가율이 예상을 상회하면서 관련 뉴스가 보도됐다. 데이터센터 서버 시장의 메모리 수요가 폭증한 것이다. 기존 서버의 HDD 시장이 클라우드 컴퓨팅의 SSD 수요로 전환하고, 고용량 D램 수요도 증가했다. 공급이 감소하고, 수요가 급증하면 반도체 가격은 어떻게 될까. 가격은 자연스럽게 상승하기 시작했다.

삼성전자, SK하이닉스 주가가 급상승하기 시작한 것은 2016년 하반기부터였다. 기술적 한계에 도달한 후 공급의 속도가 더뎌질 것이라는 우려가 시장에 퍼지면서 2017년이 되자 삼성전자, SK하이닉스, 마이크론 등 반도체 3사의 주가가 일제히 상승했다. 삼성전자 주가는 액면 분할 기준 25,000원에서 5만 원대로 두 배 상승한다. 이후 현재까지 소폭의 등락은 있을지언정 삼성전자의 시가총액은 이때의 두 배 수준으로 증가한 상태가 유지된다.

SK하이닉스 주가 역시 2016년 상반기 3만 원 수준에서 8만 원 수준으로 2.5배 이상 상승한다. 반도체 빅사이클에 탑승한 것이다.

마이크론도 마찬가지였다. 2017년 1월 21달러였던 주식이

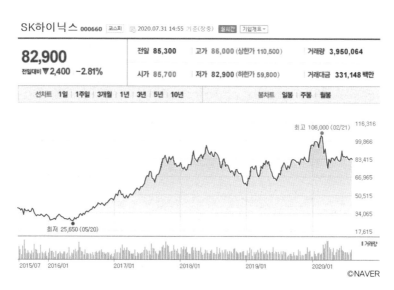

삼성전자 005930 코스피 2020.07.31 14:54 기준(장중) 실시간 기업개요▼

57,900
전일대비 ▼1,100 -1.86%

| 전일 59,000 | 고가 59,600 (상한가 76,700) | 거래량 17,144,809 |
| 시가 59,500 | 저가 57,800 (하한가 41,300) | 거래대금 1,005,136 백만 |

선차트 1일 1주일 3개월 1년 3년 5년 10년 　봉차트 일봉 주봉 월봉

최고 62,800 (01/23)　69,091

58,993

48,895

38,797

28,700

18,602

최저 13,440 (08/19)　8,504

거래량

2010/08　2012/01　2014/01　2016/01　2018/01　2020/01

©NAVER

▲ 삼성전자의 주가 변화

SK하이닉스 000660 코스피 2020.07.31 14:55 기준(장중) 월시간 기업개요▼

82,900
전일대비 ▼2,400 -2.81%

| 전일 85,300 | 고가 86,000 (상한가 110,500) | 거래량 3,950,064 |
| 시가 85,700 | 저가 82,900 (하한가 59,800) | 거래대금 331,148 백만 |

선차트 1일 1주일 3개월 1년 3년 5년 10년 　봉차트 일봉 주봉 월봉

최고 106,000 (02/21)　116,316

99,866

83,415

66,965

50,515

34,065

최저 25,650 (05/20)　17,615

거래량

2015/07 2016/01　2017/01　2018/01　2019/01　2020/01

©NAVER

▲ SK하이닉스의 주가 변화

50달러대까지, 약 1년 만에 2.5배 상승했다.

이들 반도체 3사의 강세, 공급은 정체됐으나 수요가 탄탄하고 반도체 가격이 오르면서 기업의 이익과 주가가 상승했던 교과서적인 흐름은 2018년에 일단락된다.

공급단에서는 삼성전자를 포함한 기업들의 대규모 설비 투자가 다시 시작됐다. 푸젠진화, 허페이창신, YMTC 등 중국 메모리 기업들 역시 적극적으로 공급을 확대하기 시작했다. 반도체 가격 상승→공급 확대→가격 하락이 다시 시작되는 흐름이었다.

그러나 놀라운 점은 수요의 의외성이었다. 수요단에서는 서버 D램 수요가 지속적인 형태가 아닌, 다소 주기적 형태를 보이기 시작했다. 수요단 기업이 클라우드 데이터센터 등을 짓는 등 투자할

▲ 마이크론의 주가 변화

때는 수요가 늘었지만, 그렇지 않을 때도 있었다. 이렇듯 수요가 지속적이지 않으니, 반도체 가격도 이를 반영하여 2018년부터 하락 전환한다. 삼성전자, SK하이닉스, 마이크론 등의 반도체 주가 역시 약세로 전환한다.

　　반도체는 (표현이 궁색하긴 하지만) 디지털 산업의 쌀로서, 글로벌 인터넷 기업들이 성장할 때 동반 성장하는 분야다. 특히 회로 기술의 미세화가 한계에 도달하기 시작하면서 주목받기 시작한 분야는 'EUVExtreme Ultraviolet, 극자외선'라는 분야다. EUV는 반도체의 회로선 폭의 한계를 뛰어넘는 특별한 기술로, 짧은 파장을 이용하는 노광 장비다. 반도체 회로도를 웨이퍼(반도체 집적회로를 만드는 데 사용하는 주요 재료)에 사진처럼 찍는다고 해서 노광이라고 부른

▲ ASML의 주가 변화

다. 이처럼 특별한 기계를 생산하면서 시장을 지배한 기업은 오로지 전 세계에 한 개만이 존재했다. 바로 네덜란드의 ASML이었다.

반도체 주식, 더 오를 수 있을까

2020년은 코로나19가 반도체 수요를 위축시킬 것이라는 전망이 일반적이다. 오프라인을 통한 핸드폰 구매 등의 수요는 감소하고 반대로 온라인 스트리밍과 같은 디지털 콘택트 수요는 증가할 것이다. 이를 모두 합산한 총수요 증감의 방향성이 상당히 중요해졌다.

공급의 경우, 수요의 변화를 보면서 공급단에서 생산 설비 투자를 할 것이라고 판단된다. 결국 수요와 공급의 감소 중 어떤 것이 클 것인지가 반도체 가격의 방향성을 결정할 것이다. 반도체 가격이 반도체 기업의 키팩터일 수밖에 없는 이유다.

반도체 가격이 반도체 관련 기업의 이익에 직결되는 만큼, 이들 기업에 투자할 때는 수요·공급의 환경 변화, 반도체 가격이라는 키팩터를 반드시 확인해야 한다. 아울러 EUV가 게임 체인저급 공정이 되기 시작하면서, 이 기술을 보유한 회사에 대해서도 관심을 가질 필요가 있다. 중견 기업의 경우에도 해당 기술에 노출된 기업들이 유리한 국면을 맞이할 것으로 예상된다.

또 2020년 하반기에 인텔이 2분기 실적을 발표하면서부터는 어쩌면 가장 거대한 변화가 생길지도 모르겠다. 인텔의 실적은 서프라이즈 한 수준이었다. 그러나 문제는 기술이었다. 인텔의 차세대 7나노 칩셋 생산이 2022년까지 불가능할 것 같다는 전망이 나오면서, 인텔 주가가 실적 발표 후 17% 이상 하락한 것이다. 한편 인텔의 라이벌 AMD는 이미 7나노급 칩셋 생산을 하고 있었다. AMD는 설계만 하고 생산은 대만의 TSMC에게 위탁하고 있는 상태다.

설계는 하지 않고 생산만 하는 업태를 반도체에서는 파운드리 Foundry라고 부른다. 그런데 AMD는 이미 TSMC라는 세계 1위 파운드리를 통해서 생산하고 설계에만 집중하는 반면 인텔은 생산과 설계 모두를 수행하고 있다. 그러다 7나노급 이하, 즉 EUV가 필요한 수준까지 오면서 생산 기술에 도달하지 못한 것이다.

시장과 투자자들은 자연스럽게 인텔도 TSMC에 위탁 생산을 맡길 것이라고 전망했고, 그로 인해 같은 날 TSMC 주가가 10% 상승했다. 동시에 삼성전자의 주가도 다시 강세를 보였다. 삼성전자의 멀티플에 어떤 긍정적인 변화가 나타난 걸까.

삼성전자 주가가 다시 강세 전환한 이유는 전 세계에서 현재 EUV를 상용화하면서 10나노 이하의 공정을 완전히 상용화한 기업은 이제 단 두 개, TSMC와 삼성전자뿐이라는 사실을 세계가 확실히 알게 됐기 때문이다. 오직 이 두 업체만이 당분간 반도체 파운드리 시장을 사실상 양분하게 될 것이다. 자연스럽게 삼성전자 역시 TSMC의 밸류에이션, 즉 비슷한 멀티플을 받아도 되는 환경으로 변화하고 있다.

　개인적으로 현재 삼성전자의 주가에는 글로벌 EUV 파운드리의 가치가 반영되지 않았다고 판단한다. 삼성전자가 모바일, 반도체 메이커로서의 기업 가치는 평가받고 있지만 아직 그뿐이다. 세계에서 단 두 개의 EUV 파운드리로서, 조만간 TSMC와 같은 가치 평가를 받을 수 있지 않을까 생각한다. 이렇게 멀티플의 변화가 나타나는 순간을 놓치지 말아야 한다.

화장품 산업: 화장하기 시작한 중국인들

키팩터 – 중국 소비 시장, 매출과 경영 전략

드라마 〈별에서 온 그대〉의 도민준과 천송이가 중국을 강타한 것은 2014년이었다. 이후 시진핑과 펑리위안 여사가 한국을 방문했고, 펑리위안 여사가 '후' 브랜드 화장품을 쓴다는 소식이 알려지면서 후는 중국 소비자들에게 럭셔리 화장품의 대명사가 된다. 현재 후는 셀러브리티 마케팅의 성공으로, 랑콤에 이어 글로벌 2위 브랜드*가 됐다.

우리나라 화장품이 유명해진 계기는 여럿이지만, 특히 한국

● 여기서는 뷰티 브랜드와 뷰티 기업을 구분했는데, '랑콤', '설화수'와 같은 화장품 단일 브랜드를 뷰티 브랜드, '로레알', '에스티로더' 등 여러 브랜드를 소유한 기업을 뷰티 기업으로 소개한다.

드라마와 K-POP이 세계적인 인기를 얻으면서 함께 유명해졌다. K-POP에서도 여자 아이돌의 경우 '소녀시대'부터 글로벌 활동이 시작됐고, 본격적으로 성장한 것은 '트와이스', '블랙핑크'부터였다. 이들의 성장은 당연히 화장과 패션의 수출로 이어졌다. 남자 아이돌의 경우, 'BTS'를 비롯한 다양한 그룹이 인기를 얻었다.

드라마는 한국 화장품의 전성기를 이끄는 원동력이었다. 〈별에서 온 그대〉 이전에는 〈대장금〉이 있었고, 〈별에서 온 그대〉 이후에도 〈태양의 후예〉를 비롯한 다양한 작품들이 한류 문화의 한 축을 차지하고 있다. 그리고 드라마를 본 외국인들은 '한국인들의 피부가 왜 이렇게 좋은지' 감탄하며 묻곤 했다.

해외 사례를 보면, 국내 소비자만을 대상으로 하는 화장품 브랜드는 역성장하고 있다. 그러나 중국 소비자를 대상으로 하는 화장품 산업은 여전히 성장 산업으로 분류하는 것이 적절할 듯하다.

바로 이런 국내 화장품 기업이 아모레퍼시픽(구 태평양)과 LG생활건강이다. 2000년대 초반까지 LG생활건강은 치약, 샴푸 등 생필품을 파는 기업이었지만, 지금은 후를 보유한 한국 최대 규모의 화장품 기업으로 변모했다. 만약 태평양 때부터 화장품 산업에서 압도적 1위를 50여 년간 기록해온 아모레퍼시픽이 왕좌에서 내려온다면 그건 LG생활건강 때문일 것이다.

국내 화장품 기업, 어떻게 중국인을 사로잡았나

아모레퍼시픽과 LG생활건강이라는 두 기업이 성장하면서, 투자자로서 훌륭한 투자 성과를 기대하게 된 시점은 〈별에서 온 그대〉가 중국에서 히트한 2014년이었다.

우리나라를 대표하는 단어로 '경중안미'라는 단어가 있다. 투자자가 알아두면 좋은 키워드로 '경제는 중국, 안보는 미국'이라는 말이다. 그만큼 중국이 우리나라와의 경제적 연관성이 높다는 의미다.

본격적으로 경중안미가 화장품 주가에 작용한 해는 바로 2014년이다. 사실 경중안미가 우리나라에만 적용되는 말은 아닐 수 있다. 중국이 세계 소비시장에서 두각을 나타내면서, 중국 소비자를 장악한 뷰티 기업인 로레알도 2012~2013년을 전후로 성장하기 시작했기 때문이다.

아모레퍼시픽의 경우, 〈별에서 온 그대〉가 중국을 강타한 2014년부터 성장이 본격화되면서 매출과 영업 이익 모두 큰 폭으로 상승했다. 그리고 자연스럽게 주식 가격도 상승했다.

아모레퍼시픽의 시가총액은 2010년 말 6.5조 원에서, 2016년 24조 원으로 거의 4배 상승하며 주식 시장의 주인공으로 거듭났다. 멀티플도 상승했는데 2010년 말에는 24배, 2011년에는 18배, 2016년에는 40배까지 상승했다.

그런데 2016년, 사드THAAD 이슈가 발생한다. 2016년 7월 8일, 국방부는 상주 지역에 사드 1개를 배치했다는 뉴스를 최초로 공개한다. 한국의 사드 배치로 인해서 2017년 3월, 중국은 사드 보복 차원에서 한한령限韓令을 내리고, 이에 따라 한국을 방문하는 중국 여행객도 급감한다. 중국 여행객, 즉 '유커'의 감소는 국내 면세점, 호텔, 리조트, 카지노, 관광지 등 유커를 기반으로 성장해온 산업을 완전히 초토화할 정도의 충격을 줬다. 화장품 업계도 마찬가지였다.

그런데 중국 소비자들의 한국 화장품 사랑은 여전했다. 따라서 한국에 올 수 없는 중국 소비자들과 한국 제품에 대한 사랑을 연결해줄 매개체가 등장하는데, 이것이 바로 '따이공代工'이라는 보따리상, 소위 중개상의 등장이었다.

2017년 사드 보복 이후, 따이공이 중국 소비자들을 대신해

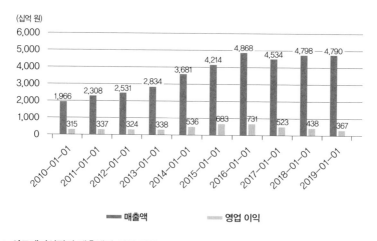

▲ 아모레퍼시픽의 매출액과 영업 이익

면세점에 와서 물건을 쓸어 담아가는 형태로 유통 형태가 변한다. "여기서부터 저기까지 다 주세요"라는 말은 따이공들이 하는 말이었다. 결국 면세점 매출의 80%를 중국 소비자가 올리는데, 중국 소비자의 80%가 따이공인 시대의 개막이었다.

개인 소비자들이 화장품을 사는 시대에서 따이공들이 화장품을 사는 시대로 변하면서, 화장품 면세점 산업은 B2C기업과 소비자 간의 거래에서 B2B기업 간 전자상거래 형태로 변화한다. 이런 변화 속에서 화장품 기업 시가총액 1, 2위 순위의 역전이 나타난다. 국내 화장품 업계 절대 지존이던 아모레퍼시픽이 시가총액 2위로 내려오고, LG생활건강이 시가총액 1위로 올라서게 된 것이다.

LG생활건강은 럭셔리 브랜드 후를 중심으로 성장 전략을 지속하면서, 따이공을 대상으로 공격적인 판촉을 진행한다. 반면 아모레퍼시픽은 따이공 판매를 통한 브랜드 로열티와 인지도 하락을 염려하여 다소 보수적으로 경영한다. 결과론적이지만 이러한 경영 전략의 차이로 아모레퍼시픽과 LG생활건강의 시가총액 차이가 발생한 것이 아닐까.

세계 1위 뷰티 기업 로레알의 멀티플 상승의 비밀

세계 1위 뷰티 기업인 로레알은 어떨까. 2013년부터 로레알의 중국 판매가 가파르게 오르면서 시가총액도 급상승하기 시작했다. 중국이라는 거대한 소비 시장의 등장으로, 이익 수준이 본격적으로 달라진 것이다. 이는 앞서 살펴본 한국 기업의 변화와 비슷하다. 아니 오히려 당시 이익과 멀티플의 성장은 한국 기업에서 더 과감하게 나타났다. 중국과 인접한 국가인 데다 코리안 뷰티가 글로벌화 되는 시점이었기 때문이다.

중국 시장의 등장으로 로레알의 주가가 움직이는 데에는 이익보다 멀티플이 더 크게 관여했다. 멀티플은 2011년 말 19배, 2012년 말 23배, 2013년 말 27배로 급상승했다. 이후 2015년 26배, 2016년 30배로 로레알의 멀티플 상승이 주가 상승을 주도하고 있다.

	매출액	영업 이익	순이익	시가총액	멀티플
2010년 12월	25,863	4,027	2,971	66,542	22.4배
2011년 12월	28,326	4,487	3,395	62,950	18.5배
2012년 12월	28,884	4,775	3,687	84,147	22.8배
2013년 12월	29,388	4,769	3,929	106,771	27.1배
2014년 12월	29,933	4,714	6,523	94,400	14.5배
2015년 12월	26,962	4,670	3,660	94,967	25.9배
2016년 12월	27,578	4,342	3,438	102,679	29.8배
2017년 12월	29,400	5,079	4,046	124,576	30.7배
2018년 12월	31,816	5,689	4,601	129,114	28.0배
2019년 12월	33,443	5,935	4,198	165,443	39.4배

▲ 로레알의 매출·영업 이익·순이익·시가총액 추이(단위: 백만 달러)

반면 이익은 어떨까. 로레알의 영업 이익은 2011년 44억 달러, 2012년 47억 달러, 2013년 47억 달러, 2014년 47억 달러로 거의 매년 비슷했다. 이익은 비슷한데 시가총액은 2011년 629억 달러에서 2016년 1026억 달러로 크게 상승한 것이다. 이후 영업 이익은 2019년 59억 달러로 증가했으나, 시가총액은 1,654억 달러 수준으로 급상승했다. 이익이 10년 동안 겨우 1.5배 증가하는 동안 시가총액은 2.5배 증가한 것이다. 멀티플이 변했기 때문이다.

이처럼 이익이 비슷하게 유지돼도 멀티플이 변하면 주가가 상승하는데, 중국이라는 소비 시장이 등장하면서 화장품 산업의 멀티플이 변화한 것이다.

인류가 등장하면서 아름다움을 추구하는 역사는 지속되어 왔

▲ 로레알의 주가 변화

다. 그리고 미의 기준이 다양해지면서 항상 새로운 트렌드가 나타났고, 이를 적극적으로 공략하는 새로운 기업과 제품이 성장 동력이 되곤 했다. 물론 아주 오랜 기간 사랑받는 고급 제품도 있지만, 가격이 합리적이면서 기능성도 좋은 제품 또는 새 시대의 아름다움을 담는 브랜드가 시장에서 영향력을 발휘한다. 그런 브랜드를 패션 벤처 브랜드라고 한다.

2010년대 들어 모바일 시대, 즉 온라인 시대가 열리면서 벤처 브랜드의 시대가 찾아왔다. 전 세계 유명 화장품 브랜드들은 이제 화장품 벤처 기업의 공급을 무제한으로 받고 있다. 이런 흐름 속에서 로레알은 계속해서 시장성을 인정받은 신규 벤처 브랜드들을 적극적으로 인수 합병M&A하면서 성장하는 전략을 추진하고 있다. 로레알이 중국에서 시장성을 인정받은 '스타일난다'를 2018년 6,000억 원에 100% 인수했을 때, 국내 화장품 벤처 업계가 놀랐던 것처럼 말이다.

로레알은 세계 최대 럭셔리 화장품 브랜드인 랑콤을 1964년에 인수한 것을 시작으로, 수십 년간 수많은 브랜드를 끊임없이 인수하면서 세계 뷰티 업계의 1위를 걷고 있다. 이는 글로벌 뷰티 2위 기업인 에스티로더를 포함한 다른 패션·뷰티 업계의 행보와는 다소 다른 모습으로, 로레알은 인수 합병을 통한 로레알화化를 성장 공식으로 만들었다. 이 점은 한국을 포함한 글로벌 뷰티 업계에 던지는 시사점이 많다. 국내 기업 중 로레알처럼 적극적인 인수 합병을 추진하는 기업은 없다.

시대에 따라 아름다움을 표현하는 양식은 계속 달라질 것이다. 달라지는 소비자의 요구에 따라, 그에 적합한 제품과 서비스를 제공하는 뷰티 기업에 투자할 생각이라면, 로레알의 주가 변천사를 통해서 투자 시점을 잘 찾을 수 있을 것이다. 로레알의 멀티플은 10년 전 20배에서 현재 40배 수준으로 크게 높아진 상태다.

게임 산업:
언택트 시대, 게임의 미래는 어떨까

키팩터 – 플랫폼 확장, 게임 매출, 게임 IP

'린저씨.'

'〈리니지〉를 하는 아저씨'라는 의미의 단어다. 〈리니지〉는 엔씨소프트가 개발한 온라인 게임으로, 국내 게임 역사에서 빠지지 않고 등장하는 게임이다.

1998년 개발된 〈리니지〉는 도트 그래픽 방식의 조잡해 보이는 그래픽 게임이었으나, 당시에는 혁신적인 게임이었다. 그리고 2003년 〈리니지2〉가 개발되었는데, 국내 최초의 Full 3D 온라인 게임이었다. Full 3D란 캐릭터를 위아래 전후좌우 360도 전방위에서 볼 수 있다는 의미로, 당시 국내의 Full 3D 온라인 게임은 엔씨소프트가 만든 〈리니지2〉가 유일했다.

이때부터 〈리니지〉를 해왔던 유저들이 이제는 나이가 들어 린저씨라고 불린다. 세계적으로 20년 이상 상용 서비스를 하는 온라인 게임은 만나기 어렵다. 그런데 〈리니지〉가 그걸 해내고 있으니 대단한 게임이라는 의미다. 한편 유저들에게 과도한 과금(게임할 때 돈을 내고 유료 콘텐츠를 구입하는 것)을 불러일으켜 게임 커뮤니티에서는 엄청난 비판을 받기도 하니 이래저래 대단한 게임인 것만은 확실하다.

국내의 엔씨소프트와 함께 글로벌 게임 시장을 설명할 때 항상 등장하는 기업이 있다. 바로 '액티비전 블리자드(이하 블리자드)'다. 〈디아블로〉, 〈워크래프트〉, 〈스타크래프트〉와 〈월드 오브 워크래프트〉를 개발하여 전 세계 게이머들에게 즐거움을 주는 기업으로, '블리자드'와 '액티비전'이 합병하여 현재는 액티비전 블리자드라 불리는 나스닥 상장 기업이다.

플랫폼의 변화에 주목하라

투자자가 알아야 할 게임 산업의 첫 번째 키팩터는 플랫폼 확장, 둘째는 게임 매출(과금 제도), 세 번째는 시장성 있는 게임을 얼마큼 보유했는지에 대한 여부, 즉 자체 개발한 게임의 지적 재산권 IP다. 게임 산업의 주가는 이 세 가지 키팩터가 맞물리면서 움직인다.

먼저 게임 플랫폼은 어떻게 변화해왔을까.

요즘에는 모두 모바일 게임을 즐겨 하지만, 모바일 게임은 아이폰이 나오기 전까지만 해도 존재하지 않던 플랫폼이었다. 모바일 이전의 게임 플랫폼은 PC와 콘솔(플레이스테이션, 엑스박스 등), 게임기(닌텐도 등) 정도였다.

　모바일이 본격적으로 성장하기 시작한 2015년부터 2019년까지의 게임 플랫폼 추이를 살펴보자. 스마트폰 비중이 24%에서 34%로 높아졌고, 콘솔은 30%에서 26%로 감소했다. PC도 28%에서 25%로 다소 감소했다. 종전에 모바일 비중이 0%였다는 것

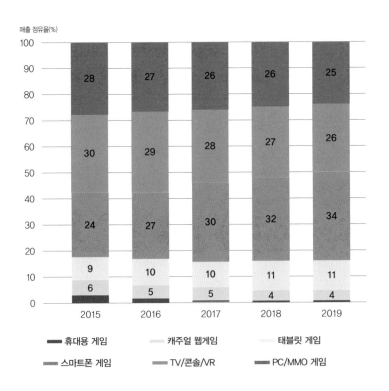

▲ 2015~2019년 전 세계 게임 시장 매출 분포(출처: Newzoo)

을 고려하면, 모바일이 가장 빠르게 성장하는 플랫폼이었다. 모바일 플랫폼의 성장으로 게임사들은 자사 게임을 모바일화하는 흐름에 빠르게 대처해야만 했고, 이를 제대로 수행한 기업의 주가와 그렇지 못한 기업의 주가는 상당히 달라질 수밖에 없었다.

국내에 아이폰이 처음 등장했을 때, 게임주 중 가장 먼저 주목받았던 기업은 모바일 플랫폼에 적응하는 기업이었다. 국내에서는 초창기에 '컴투스'와 '게임빌', '위메이드' 등이 모바일 시장에서 두각을 나타냈다. 새롭게 성장하는 플랫폼에 가장 먼저 안착하고 두각을 나타내는 기업들은 높은 멀티플을 받으면서 주가가 크게 상승하는 법이다.

그러나 시장에는 기존 패러다임의 공룡들, 즉 이미 엄청난 게임 IP를 갖고 있는 PC와 콘솔 게임개발사들이 모바일 시장에 진출하기만 하면 곧바로 대작을 터트리고 실적 측면에서도 대박을 낼 것이라는 우려 반, 기대 반의 목소리가 공존했다. 이들이 곧 새로운 플랫폼에 적응한 기업들을 몰아낼 것이라는 이야기였다.

이렇게 플랫폼이 바뀔 때, 투자자들은 기존 플랫폼에서의 대장 기업들이 새로운 플랫폼에 잘 적응하고 성과를 지속할 수 있을지 혹은 새로운 기업들이 새로운 플랫폼의 선도 기업이 될지 예민하게 살펴봐야 한다.

일단 모바일 시장이 커졌지만, PC 게임개발사들은 모바일 시장에 쉽게 진출하지 못했다. 그러자 투자자들은 모바일 게임개발사들에 대해 높은 밸류에이션을 주기 시작했다. PC 게임개발사들은 마음이 급해졌고, 모바일 시장에 대한 전략을 다음과 같이 세웠다.

첫째, 모바일에 진출하기 위한 역량을 외부에서 빠르게 수혈했다. 가장 대표적인 것이 액티비전 블리자드가 2015년에 〈캔디 크러쉬 사가〉라는 게임을 만든 '킹'이라는 게임사를 59억 달러에 인수한 것이었다. 둘째, 느리지만 개발 역량을 내재화하면서 모바일 플랫폼에 자체 진출하는 것이었다. 이때 당연히 블리자드도 자체 진출했는데, 당시 화두는 과연 PC 기반 게임 회사들이 플랫폼 확장을 성공적으로 수행하느냐였다.

엔씨소프트의 재평가

플랫폼 확장이 이뤄지던 시기의 주가 성과를 살펴보자.

블리자드는 화려한 게임 IP를 확보하고 있었다. 〈디아블로〉, 〈워크래프트〉, 〈월드 오브 워크래프트〉는 물론 한국인의 국민 게임 〈스타크래프트〉를 보유한 PC 게임계의 공룡이었다. 그러나 모바일 플랫폼으로의 확장은 이뤄지지 않은 상태였다. 그래서 2010년부터 2014년까지 대작 게임들을 상당히 출시하고, 게임 IP를 통해서 수익을 내는데도 블리자드의 주가는 좋지 못했다. 그러다 2015년 4월, 블리자드 최초의 모바일 게임 〈하스스톤〉이 출시됐다(〈하스스톤〉은 2014년에 PC 게임으로 먼저 출시된 바 있다).

블리자드 최초의 모바일 게임 〈하스스톤〉은 게이머들에게 비교적 생소한 카드 게임 장르였다. 그러나 단순 카드 게임이 아닌 블리자드의 인기 게임 캐릭터인 '리치왕', '실바나스', '라그나로스' 등이 등장하는 게임으로, 이들의 IP를 활용한 〈하스스톤〉은 출시와 함께 대성공한다. 2015년 5월 〈하스스톤〉의 유저는 3,000만 명을 돌파했고, 11월에는 4,000만 명, 2016년 4월에 5,000만 명, 2018년에는 1억 명을 돌파했다.

〈하스스톤〉의 대성공과 함께 블리자드의 주가도 상승하기 시작했다. 〈하스스톤〉 이전에 발표한 다른 게임 프랜차이즈들이 성공하느냐가 중요한 것이 아니라, 블리자드가 모바일 플랫폼에 성공적으로 대응할 수 있느냐가 관건이었던 것이다. 여기서 플랫폼 확

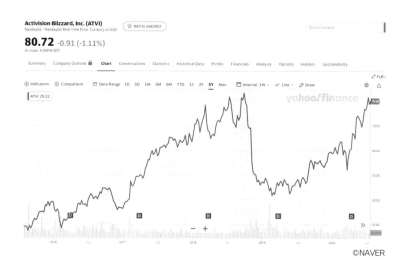

©NAVER

▲ 액티비전 블리자드의 주가 변화

장이라는 키팩터의 중요성이 등장한다.

국내 게임 산업을 대표하는 엔씨소프트는 어떨까. 엔씨소프트 주가 역시 2017년이 분기점이었다. 2017년은 엔씨소프트가 모바일 대작인 〈리니지M〉을 최초 출시한 연도이며, 앞서 블리자드의 사례처럼 모바일 플랫폼으로의 확장 가능 여부가 게임 산업의 멀티플을 결정하는 시점이었다.

2017년 6월 24일, 드디어 〈리니지M〉이 출시됐는데 모든 서버에 대기열이 걸릴 정도로 게임은 인기를 끌며, 구글플레이·앱스토어 양대 마켓 매출 1위를 찍는다. 그러면서 엔씨소프트의 주가는 완전히 재상승세로 반전한다. 주식 시장에서의 리레이팅Re-rating의

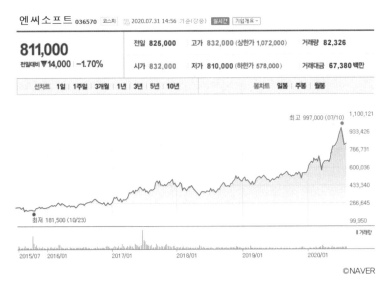

▲ 엔씨소프트의 주가 변화

시작이었다. 리레이팅이란 '새로 순위를 매기다'라는 의미로 자주 쓰이는데, 주가가 재평가받고 상승세를 시작한다는 의미다. 멀티플의 변화가 위로 발생할 때를 리레이팅, 아래로 발생할 때를 디레이팅De-rating이라고 한다.

〈리니지M〉 출시 이후 엔씨소프트 주가가 다시 하락한 적도 있다. 그러나 2019년, 엔씨소프트의 두 번째 대작이자 과거 PC 게임 유저들을 열광시켰던 〈리니지2〉의 모바일 버전인 〈리니지2M〉이 출시되자, 엔씨소프트의 기업 가치는 그야말로 스카이로켓처럼 상승한다. 〈리니지2M〉이 2년이 넘게 매출 1위를 기록한 〈리니지M〉을 뛰어넘었을 뿐만 아니라 구글플레이·앱스토어 양대 마켓 매출 1위에 올랐기 때문이다. 이제 엔씨소프트는 모바일 플랫폼에 완전히 적응한 기업으로서, 기존의 PC 게임개발사의 가치를 뛰어넘어 높은 멀티플을 받을 수 있게 됐다.

아이템 구매율이 주가로 이어진다

이제 게임 산업 주가에 가장 큰 영향을 주는 키팩터, 매출과 이익에 대해 살펴보자. 매출과 이익의 변화는 게임 회사들의 과금 방식, 즉 수익을 만들어내는 방식의 변화와도 일맥상통한다.

과거 플랫폼이 PC나 콘솔 중심이던 시절에는, 게임 회사가 게임 패키지를 내놓고 파는 방식으로 매출을 냈다. 즉, 게임을 전부 개발해서 이를 음반 팔 듯 파는 것이다. 그러다 온라인의 시대가 되자 게임 회사의 과금 방식도 변한다. 온라인에 접속 가능한 게임을 만들고, 해당 온라인 게임에 접속한 유저들에게 월정액을 받는 것이다. 지금의 넷플릭스나 멜론, 유튜브 월정액을 내는 것과 같은 방식이다. 당시는 〈리니지〉나 〈리니지2〉, 〈월드 오브 워크래프트〉와 대형 온라인 게임이 세계 시장을 지배했는데, 이 게임을 하려면 매달 월 19,800원 혹은 27,000원을 내야만 했다.

게임사들이 월정액을 받게 되자 유저의 수가 매출의 가장 중요한 요소가 됐다. 이는 지금의 넷플릭스, 유튜브, 페이스북 등의 플랫폼 기업에게도 가장 중요한 키팩터다. 그런데 게임 유료화 모델에 대한 거대한 변화가 나타나기 시작했는데, 이런 변화를 주도하는 것이 바로 한국의 게임 회사들이었다.

한국의 게임 회사들은 유저들에게 월정액을 받는 방식을 버리고, 게임은 공짜로 하게 해주면서 유료 아이템 구매 방식의 과금 제도를 도입한다. 이는 초기에는 타협이었다. 예를 들어, 유저 중 시간이 많은 유저와 시간이 없는데 돈은 많은 유저가 있다면 후자의 유저가 게임 콘텐츠를 즐기기 위해서 돈을 쓸 것이기 때문이다. 바빠서 오랜만에 접속했는데 레벨을 처음부터 올려야 한다면 게임의 중요 콘텐츠를 즐길 수 없었기 때문에 시간과 돈을 맞교환하려는 욕구가 늘었고, 게임사들이 이에 기민하게 대응했다. 덕분에 게임 회사의 수익 구조는 종전과 달라지기 시작했다.

게임은 부분 유료화이다 보니, 게임을 시작하는 것 자체는 무료였다. 덕분에 게임에 접속할 때의 가격에 의한 진입 장벽을 낮추고, 단지 게임을 더 잘 즐기기 위해 필요한 아이템들을 확률적으로 구할 수 있도록 유료 상품을 판매하면서 수익 구조를 고도화했다. 확률적이라는 말의 의미는 예를 들어, A라는 아이템을 사고 싶은데 그 아이템을 직접 살 수 있는 것이 아니라 A 아이템이 나올 확률이 10%인 과금 아이템을 약 10개 정도 사면 그 아이템을 확률적으로 구할 수 있다는 의미다. 이런 부분 유료화와 확률적 과금 구조는 모바일 시대에 완벽하게 대응하기 시작했고, 지금은 이러한 과금 체계가 세계적으로 자리 잡았다.

모두가 이런 과금 방식을 취했는데, 그 정점에는 엔씨소프트가 있었다. 엔씨소프트는 지존급 아이템의 제작 재료를 유료로 팔면서 과금을 더 유도했다. 게임 콘텐츠를 적절히 즐기기 위해서 주기적으로 스펙을 올리고, 과금을 하면 다시 스펙을 올려야 하도록 게임을 디자인하면서, 지속적으로 과금을 유도한다.

부분 유료화와 확률형 과금 아이템을 판매하는 구조를 장기적으로 유지할 수 있는 생태계를 구축하자, 〈리니지M〉과 〈리니지2M〉의 실적은 급성장한다. 일부 과금 유저의 경우 수천만 원에서 수억 원의 과금을 할 정도로, 과거 월정액 19,800원을 내던 시절에는 도저히 상상할 수 없는 수익을 창출한 것이다.

과금의 위력이 말해주듯, 모바일로 확장하고 고액 과금 체계를 장기간 유지할 수 있는 〈리니지M〉과 〈리니지2M〉의 실적이 반영되면서 주가는 상승했다. 실제 주가 지표를 보면 알 수 있듯

2017년 6월과 2019년 11월, 두 게임의 출시일이 엔씨소프트 주가에 가장 중요한 분기점이었다. 실적 역시 모바일로 플랫폼을 확장하면서 대폭 개선됐다.

〈리니지M〉 출시 전인 2016년 매출 대비 2017년 매출과 영업이익은 사실상 2배 수준으로 증가했다. 그리고 2019년 11월 말에 〈리니지2M〉이 출시되면서, 2020년 실적은 1분기에만 2,414억 원을 기록할 정도였다. 자연스럽게 시가총액도 상승했는데, 2016년 멀티플 19배에서 2017년부터는 23배, 2019년에는 33배로 상승했

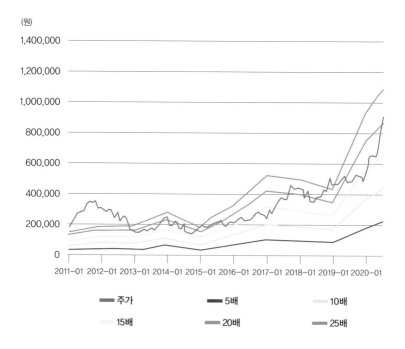

▲ 엔씨소프트의 PER 차트

다. 이익이 증가하고 멀티플도 상승하면서 엔씨소프트 주가가 큰 폭으로 상승한 것이다.

2020년 게임 산업의 특징

2020년 초, 넥슨의 게임 〈던전 앤 파이터〉가 모바일로 출시된다는 뉴스와 함께 일본에 상장한 넥슨의 주가가 불을 뿜기 시작한다. 주식 가격이 1,700엔 수준에서 2,500엔 수준까지 단박에 상승한 것이다(2020년 7월 기준). 게임 산업의 키팩터인 플랫폼 확장, 특히 PC에서 모바일로의 전환에 성공한 기업들이 받았던 멀티플 상향 조정이 예외 없이 일어난 것이다.

아마도 넥슨의 주가는, 2017년 엔씨소프트의 모바일 대작 〈리니지M〉 출시 전후의 주가와 유사한 흐름을 보일 가능성이 크다. 무엇보다 엔씨소프트의 〈리니지M〉은 PC에서 모바일로의 확장 시작점이었고, 이후 〈리니지2M〉을 통해 완전히 새로운 모바일 게임 제작 역량을 선보이며 주가도 퀀텀 점프했다.

넥슨의 주가는 앞으로 어떻게 될까. 이렇듯 비교 그룹과의 사례를 통해서도 투자 아이디어를 얻을 수도 있을 것이다.

모바일 출시 게임과 규제 리스크에 주목하라

그렇다면 게임 산업의 리스크는 무엇일까. 2018년 말, 블리자드를 상징하는 게임 중 하나인 〈디아블로〉 시리즈가 모바일 출시를 기획했다. 하지만 게이머들의 바람과 달리 외주로 게임을 개발하고, 게임 퀄리티도 기대 이하로 발표되자 주가가 곤두박질친다. 특히 블리자드는 매년 '블리즈컨'이라는 자사 게임쇼를 열고 있는데, 블리즈컨의 메인 쇼에서 이런 대참사를 겪으면서 주가는 그야말로 반 토막이 났다. 이는 PC 게임인 〈디아블로〉의 모바일 확장, 즉 플랫폼 확장에의 실패라는 인식을 심어줬고, 그 결과 자연스럽게 멀티플이 하락한 것이다. 이때의 낙폭은 코로나 충격보다 더 큰 정도였다. 이후 블리자드는 부랴부랴 이를 만회하기 위한 노력했지만 쉽게 회복되지 못했다. 불행인지 다행인지 2020년, 블리자드의 주가는 코로나발 언택트 수혜 종목으로 편입되면서 상승하기 시작했다.

개인적으로는 게임을 소액으로 즐길 수 있던 시절이 좋았다. 요즘에는 게임을 제대로 즐기려면 큰돈을 써야 한다. 그런 의미에서 앞으로 게임사의 과금 방식에 대한 규제가 나올 가능성도 적지는 않다. 다만 게임을 즐기는 유저라면 좋아하는 게임사의 주식을 꼭 사라는 말을 하고 싶다. 투자와 엔터테인먼트를 동시에 즐길 수 있을 테니까.

부동산 리츠 산업:
주식과 부동산 투자를 함께하고 싶다면

키팩터 – 매출 증가율, 배당 증가율

우리나라는 아파트 사랑이 유별난 나라다. 아파트가 가진 장점을 극대화해서 세계에서 유례없는 수준의 주거 문화를 선보이고 있다.

자연스럽게 사람들은 부동산, 그것도 아파트에 투자하고 싶어한다. 하지만 다양한 규제 정책으로 인해 아파트를 여러 채 보유하기가 어려워졌기 때문에 다주택 보유 전략은 추천하기 어렵다. 향후 정책이 변할 수도 있지만 높아진 보유세가 낮아진다는 것도 상상하기 어렵다. 세수稅收란 올리기가 어렵지 한 번 올리면 내리지 않는 편이기 때문이다.

장기 저금리가 지속될 가능성이 높은 상황에서 부동산 시장 또한 중장기적으로는 상승할 것이라고 판단된다. 그런데 유난히 규제가 많은 주택 투자가 꺼려진다면, 주택이 아닌 다른 부동산에 투자하면 어떨까.

배당주 투자에 관심이 많다면, 리츠 투자

부동산에 투자하는 가장 손쉬운 방법 중 하나가 바로 리츠REITs●다. 리츠는 간접적으로 부동산 투자를 할 수 있는 수단으로, 그중 주식 시장에 상장된 상장 리츠는 실제 주식처럼 한 주 단위로 거래할 수 있다. 비유하자면 5,000억 원대의 거대한 대형 건물을 전부 사는 것이 아닌 5,000원만큼만 보유할 수 있는 방식이다.

한국은 상장 리츠가 10개 미만으로 그 수가 적지만, 싱가포르, 일본, 미국과 같은 리츠 선진국의 경우 상장 리츠가 수백에서 수만 개에 이르고, 상장 리츠의 시가총액은 총 3조 달러 이상이다. 그만큼 개인들이 상장 리츠를 통해 간접적으로 부동산 투자를 하기 편리한 상황이라는 의미다. 리츠 투자에 관심이 많은 사람은 주로 배당주 투자와 같은 현금 흐름에 관심이 많은 주식 투자자들이다. 특히 리츠는 배당주보다 더 배당 지향적인데, 거의 모든 국가의 상장 리츠는 규정상 90% 이상의 이익을 사실상 완전 배당하기 때문이

● 투자자들로부터 자금을 모아 부동산이나 부동산 관련 자본 · 지분에 투자하여 발생한 수익을 투자자에게 배당하는 회사나 투자신탁을 말한다.

다. 그래서 리츠는 배당 수익률이 중요한 키팩터로 알려져 있다.

그런데 리츠의 배당 수익률보다 중요한 것이 바로 '매출 증가율'과 '배당 증가율'이다. 리츠는 부동산을 보유하고 있기 때문에 부동산의 가치가 상승하면 자연스럽게 임차료는 오르고 공실률도 낮아진다. 그러면 자연스럽게 매출이 증가하고 배당도 증가하지 않겠는가. 그래서 리츠가 보유한 부동산의 쓰임새가 많아지고 가치가 상승하는 것은 바로 매출 증가율과 배당 증가율로 확인할 수 있다. 반대로 쓰임새가 적어지는 산업의 부동산이라면 공실이 증가하고, 자연스럽게 매출 증가율과 배당 증가율이 떨어진다. 건물 가격도 상당히 낮아져서 리츠 주가는 하락하고 반대로 배당 수익률은 높아질 수 있다. 통상 임대료는 2년 동안 동일하게 유지되는데, 임대료는 그대로이고 건물 가격만 낮아지면 상대적으로 배당 수익률이 높아지는 것이다. 그래서 리츠 역시 성장을 추구하는 리츠와 그렇지 않은 리츠로 나뉜다.

성장하는 부동산과 하락하는 부동산

상장 리츠는 보유한 부동산의 종류에 따라 구분된다. 그런데 코로나19가 전 세계를 강타하면서 글로벌 부동산 시장에 거대한 변화가 생겼다.

최근 기업들의 오피스 매각이 잇따르고 있다. 재택근무나 원격 화상 회의 등을 통해서도 일할 수 있다는 인식이 확산되고 있기 때문이다. 캐나다의 시가총액 1위 기업 쇼피파이가 전 직원을 대상으로 재택근무를 확대한 점도 시사하는 바가 크다. 최근 코로나로 인해 오피스 수요가 위축되면서 위워크가 어려움을 겪고 있다는 뉴스도 많았다. 이런 대형 오피스 시장의 분위기를 가장 잘 알려주는 것이 오피스를 대량 보유하고 있는 상장 리츠의 주가 흐름이다. 미국 최대 오피스 리츠인 보스턴 프로퍼티스의 주가 흐름을 살펴보자.

리테일 부동산의 흐름은 어떨까. 코로나19가 확산되면서 락다운Lockdown, 경제 동결이 시행된 기간에 사람들의 왕래가 30~40% 이상 줄었다. 이에 따라 리테일 부동산의 어려움이 가중된 것도 사실이다. 지역이나 나라마다 차이는 있겠지만, 우리나라도 코로나

▲ 보스턴 프로퍼티스의 주가 변화

환자가 발생했다는 기사가 날 때마다 주요 상권에서 사람들이 썰물처럼 빠져나갔고 싱가포르, 일본, 미국 등 전 세계 국가에서도 비슷한 현상이 나타났다. 사실 최근 리테일 업황에 대한 부정적인 코멘트는 점점 더 많아지고 있다.

세계 최대의 리테일 리츠는 미국 사이먼 프로퍼티로, 메이시스백화점이나 갭 등 코로나로 인해 매출과 이익에 큰 타격을 받았다. 주가도 하락했지만, 매출 성장률과 배당 성장률 하락이 예상되면서 나타난 결과였다.

호텔이나 리조트 같은 부동산은 어떨까. 코로나19로 인해 집에서 머무르는 시간이 증가하고, 호텔 같은 공용 시설에 대한 거리감이 자연스럽게 이들 부동산의 수요 위축으로 나타나고 있다.

▲ 사이먼 프로퍼티의 주가 변화

▲ 호스트 호텔&리조트의 주가 변화

▲ 웰타워의 주가 변화

좌측 상단은 미국 호텔·리조트 1위 리츠인 호스트 호텔&리조트 리츠의 주가다. 매출 성장률과 배당 성장률 하락이 예측되면서 나타난 결과다.

시니어층 수요가 증가했던 요양원, 헬스케어 부동산은 어떨까. 이들 부동산은 고령화 사회에 진입함에 따라 수요가 증가할 수밖에 없다고 판단되던 부동산들이었다. 그런데 요양원 중심으로 코로나19가 쉽게 퍼지고, 요양 시설에서 사망자가 더 발생하면서 이들 시설에 대한 평가도 박해졌다. 좌측 하단은 미국의 대표적인 헬스케어 리츠인 웰타워의 주가다.

한편 코로나19로 인해 언택트 기조가 확산되면서 수혜를 입을 것으로 예상되는 부동산도 등장했다. 주식 시장이 언택트와 콘택트로 나뉜 것처럼, 부동산 시장에도 비슷한 분개가 발생한 것이다.

수혜가 기대되는 부동산 중 하나는 온라인 이커머스 시장 확대에 따른 물류창고. 이러한 기대감이 반영된 미국의 대표적인 물류창고 리츠 프롤로지스의 주가 흐름을 살펴보자. 물류센터의 주가는 코로나 영향을 크게 받았으나 곧바로 만회하는 흐름을 보였다. 코로나 이후에도 실적 발표를 했지만, 매출과 배당 성장률 모두 양호했다.

코로나 이후 사람들이 집에서 스마트폰을 활용하는 시간이 증가하면서 자연스럽게 데이터센터의 수요도 늘어갈 것으로 예측됐다. 데이터센터는 최근 한국에서 뉴스가 점차 늘어나는 부동산 중 하나다.

▲ 프롤로지스의 주가 변화

▲ 에퀴닉스의 주가 변화

데이터센터의 건설이 증가하는 이유는 클라우드의 진화 때문이다. 클라우드는 초기에는 저장 공간 중심(인프라 중심 클라우드)이었지만 이제는 점차 클라우드 플랫폼과 서비스 중심으로 확대되고 있다. 과거에는 통신사들이 데이터센터의 주요 발주처였다면 요즘에는 아마존, 구글, 마이크로소프트, 페이스북, 넷플릭스과 같은 서비스 기업들이 클라우드 데이터센터를 구축하고 있다.

이들 데이터센터의 시장 지배력 1위 기업은 에퀴닉스로, 미국 리츠로 상장돼 있다. 이 기업의 주가 흐름은 어떨까.

에퀴닉스 주가는 코로나 때 충격이 있었으나, 이후 사상 최고치를 기록할 정도로 높은 상승을 보인다. 언택트 시대의 인프라라는 인식이 작용하는 것이다.

한편 데이터센터뿐 아니라 무선 데이터의 이동을 위한 초대형 통신 타워와 같은 리츠들도 상장돼 있다. 이들 리츠는 중립사업자*로, AT&T나 버라이즌과 같은 통신사들이 이런 타워를 부분적으로 임대하고 있다. 이들 타워는 미국의 통신 프로토콜이 4G에서 5G로 점차 변화할 것에 대비하여 현재 약 20만 개에서 미래 100만 개 이상 설치해야 할 것으로 추정된다. 다음은 통신 타워 리츠의 대표 주자인 아메리칸 타워의 주가 흐름이다.

● 　여러 민간 기업에 중립적 위치로 임차해주는 사업자를 의미한다. 한국의 경우 KT는 KT 자체적 통신인프라를, SKT는 SKT 자체적 통신 인프라를 보유하고 있다. 한국에 중립사업자가 있다면 그 기업이 KT, SKT, LG U⁺에 인프라를 임대해주었을 것이다.

▲ 아메리칸 타워의 주가 변화

장기 저금리 시대, 부동산 투자는 필수다

부동산 시장도 코로나에 큰 영향을 받았다. 어떤 부동산은 코로나의 충격을 극복하고 있지만, 어떤 부동산은 회복이 어려운 데미지를 입기도 했다. 물론 코로나가 극복된다면 부동산 시장에의 코로나 영향도 희미해질 것이다. 그러나 아직은 좀 이른 판단이 아닐까 싶다.

이처럼 선진국 리츠의 가격 변화를 통해 시사점을 얻을 수 있는데, 성장 산업에 필요한 부동산은 성장주 취급을 받고 있다는 것이다. 동시에 비성장 산업에 해당하는 리츠는 실제 비성장주처럼 거래된다. 결국 주식이든 부동산이든, 성장 산업이냐 아니냐에 따라 확연히 다른 대우를 받으며, 시장은 이를 거의 기계처럼 구분하고 있다는 교훈을 준다.

저금리 시대, 부동산으로 투자 자금이 몰릴 가능성이 높다. 그러나 성장주로서 가치 있는 리츠만이 투자할 만하다. 직접 각 리츠를 분석하는 것도 좋겠지만, 그러기 어렵다면 간접적으로 이들 리츠만 선별해서 투자해주는 공모 펀드를 활용하는 것도 훌륭한 전략이다.

엔터테인먼트 사업:
BTS와 유튜브 공연에 주목하라

키팩터 – 아티스트 팬덤, 돔 투어, 음원·음반 판매

2017년 4월 11일, 목표 주가 1만 원으로 그동안 조사분석이 이루어지지 않았던 JYP엔터테인먼트에 대한 보고서가 발행된다. 보고서의 제목은 〈가장 저평가된 기획사〉였다*. 그리고 이 보고서는 엔터테인먼트 산업 분석의 지평을 바꾼 시도였다고 평가된다.

2017년 당시 JYP의 핵심 아티스트는 '2PM'이었다. 그러나 2PM의 다수 멤버들은 곧 군 입대할 예정이었다. 엔터테인먼트 기업 입장에서 핵심 남자 아이돌 그룹이 군대에 간다는 것은 치명타였다. 군대는 아이돌 커리어의 일종의 종점으로 여겨졌고, SM이든 YG든 JYP든 모두 그 부분에서 자유롭지 못했다. 불안해 보이는

●   하나금융투자 이기훈 애널리스트

JYP의 다른 한편에는 데뷔 1년 차에 국내 앨범 판매 3위, 음원 매출 1위를 기록한 트와이스가 있었다.

그때까지 국내 엔터테인먼트 산업에서 여자 아이돌 그룹은 남자 아이돌 그룹에 비해 수익성 측면에서 저조한 성과를 낸다는 인식이 존재했다. 일종의 패러다임이었던 것이다.

그런데 위의 〈가장 저평가된 기획사〉 보고서는 그런 패러다임을 정면으로 반박했다. 소녀시대와 2NE1 이후, 아시아 투어를 진행하는 여자 아이돌 그룹이 전무한 상황에서 오직 JYP의 트와이스만이 한국·태국·싱가포르 투어를 진행했다는 점을 눈여겨봤다. 그리고 트와이스에 일본 멤버 세 명, 대만 멤버 한 명이 있다는 점

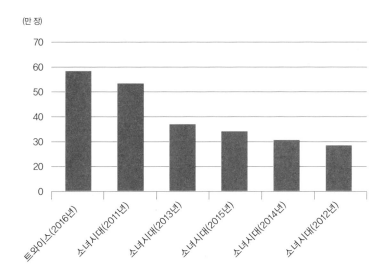

▲ 역대 걸그룹 앨범 판매량 순위(출처: 하나금융투자)

을 들면서 일본과 대만에 성공적으로 진출할 것을 전망한다. 일본 진출의 의미는 상당했는데, 일본은 미국에 이어 글로벌 음반 시장 2위 국가였기 때문이다.

5,800원이던 JYP엔터테인먼트의 주가는 이 보고서를 기점으로 이후 39,800원까지, 불과 2년도 안 되는 기간에 7배에 가까운 상승을 보여준다. 시가총액 약 1.3조 원이 상승한 것이다. 트와이스는 데뷔 1년 8개월 만에 일본에 데뷔했고, 데뷔하자마자

	카라	소녀시대	2NE1	트와이스
소속사	DSP미디어	SM	YG	JYP
데뷔(한국)	2017년 3월	2007년 8월	2009년 5월	2015년 10월
데뷔(일본)	2010년 8월	2010년 8월	2011년 9월	2017년 6월
걸린 시간	**3년 5개월**	**3년**	**2년 4개월**	**1년 8개월**
일본 데뷔 앨범 판매·순위	17만 장·45위	62만 장·5위	5만 장	25만 장
2011년 국내 앨범 판매·순위	14만 장·9위	50만 장·2위	12만 장·12위	58만 장·3위 (2016년 기준)
일본 콘서트 시기	2012년 4월	2011년 5월	2011년 9월	2017년 7월 (쇼케이스 기준)
~걸린 시간	**5년 1개월**	**3년 9개월**	**2년 4개월**	**1년 9개월**
첫해 공연 규모	22만 명·13회 (아레나 투어+도쿄돔)	16만 명·14회 (아레나 투어)	7만 명·6회 (아레나 투어)	2만 명·2회 (아레나 투어)
돔 투어	2013년 1월	2014년 12월	X	2019년 3월
~걸린 시간	**5년 10개월**	**7년 4개월**		**~4년 추정**

▲ 카라, 소녀시대, 2NE1 그리고 트와이스 비교(출처: 하나금융투자)

25만 장이라는 앨범 판매고를 올린다. 일본 콘서트는 2017년 7월에 했는데, 이는 카라, 소녀시대, 2NE1보다 더 짧은 기간에 이룬 것이다.

이때부터 엔터테인먼트 산업의 멀티플이 변하기 시작한다. 패러다임이 변했기 때문이다. 즉, 남자 아이돌 중심의 이익 모멘텀이 여자 아이돌로도 얼마든지 높은 영업 이익을 올릴 수 있다는 생각으로 바뀌기 시작한 것이다. 그 선봉에 바로 트와이스와 JYP가 있었다.

여자 아이돌 그룹이 바꾼 패러다임

2018년은 K-POP이 글로벌 시장에서 음악 산업의 주류로 완전히 올라선 한 해였다. 바로 BTS의 글로벌 팬덤이 국내와 아시아 1위 수준을 넘어 빌보드를 장악하기 시작한 것이다. BTS는 비틀즈 이후 최고의 보이 밴드라는 평가를 받으며, BTS와 그들의 팬덤 아미ARMY, BTS 팬클럽 이름의 조합이 전 세계에 알려진다.

2018년 BTS의 〈FAKE LOVE〉가 빌보드를 장악하기 시작하면서 한국 엔터테인먼트 산업과 기업에 대한 시장의 평가는 완전히 달라진다. BTS 전성기는 이미 2017년 한국에서 시작됐다. 2017년이 특별했던 이유는, 그간 한국의 음반 판매 시장을 장악해온 기업이 바로 SM이었기 때문이다. 그런데 비SM 출신의 아이돌

이 10년 만에 국내 앨범 판매 1위를 한 것이다. 이때부터 국내 앨범 시장에 BTS 시대, 즉 빅히트 엔터테인먼트의 시대가 열리게 된다.

이런 아티스트의 위력을 곧바로 파악할 수 있는 채널이 바로 유튜브다. 유튜브에서 K-POP의 기록은 그야말로 대단했다. 일반적으로 첫 뮤직비디오를 올린 후 24시간 이내에 나오는 조회 수는 팬덤의 위력을 확인할 수 있는 좋은 지표다. 2018년 봄, BTS가 발표한 〈FAKE LOVE〉는 종전의 모든 기록을 2배 넘어서는 수준이었다. (2020년 현재는 BTS가 컴백하면서 최단 기간 1억 뷰 기록을 갈아치웠다.)

남자 아이돌뿐 아니라 트와이스, 블랙핑크, 여자친구, 레드벨벳 등 여자 아이돌 그룹들도 K-POP의 위상을 떨쳤다. K-POP은 남녀 그룹 모두를 완벽히 키워내는 엔터테인먼트 산업의 위치를 확보하게 된다.

엔터테인먼트 산업, 특히 여자 아이돌 그룹의 위력을 보여주면서 패러다임 변화를 주도한 JYP 엔터테인먼트의 주가가 변하는 과정역시 드라마였다. 2015년 매출 506억 원, 영업 이익 42억 원의 기업에서, 2016년 매출 736억 원, 영업 이익 138억 원으로 급증했고, 2017년은 매출 1,022억 원, 영업 이익 195억 원으로 증가했다. 2018년에는 매출 1,248억 원, 영업 이익 287억 원, 2019년에는 매출 1,554억 원, 영업 이익 435억 원이 되었다. 이익이 2015년 42억원에서 2019년 435억 원으로 거의 10배 증가한 것이었다. 주가가 급상승한 구간인 2016년부터 2018년까지는 영업 이익 138억 원에서 195억 원, 287억 원으로 약 2배 증가했다. 이 과정에서 멀티플은 어떻게 변했을까.

JYP 엔터테인먼트 주가가 약 5,000원에서 약 4만 원까지 8배 상승하는 구간에, 멀티플은 거의 10배 수준에서 40배 수준까지 4배 이상 올라간다. 이익도 증가했지만, 멀티플의 변화가 가파르게 나타난 것이다. 즉, 이익이 2배, 멀티플은 4배 증가하면서 주가가 8배 상승했다.

특히 트와이스로 대표되는 K-POP 여자 아이돌 그룹이 거대

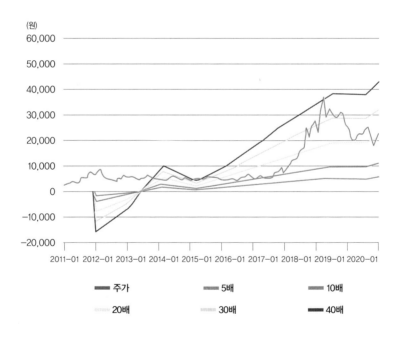

▲ JYP 엔터테인먼트의 PER 차트

한 수익원 중 하나라는 것이 증명되면서 멀티플 변화는 정점을 찍었다.

반면 JYP의 주가는 이후 하락하기 시작했다. 이 당시 갓 데뷔한 Stray Kids(스트레이 키즈)라는 남자 아이돌 그룹의 팬덤은 시장의 높아진 기대감에 비해 생각보다 적었고(물론 모든 아이돌 그룹은 훌륭한 아티스트다), 2018년 3분기 실적 시즌부터 실적이 기대를 하회하면서 주가가 하락한 것이다.

지지부진한 엔터주, 과연 오를까

현재 국내 엔터테인먼트 산업의 주가는 2019년 지루한 시절을 겨우 지나다가, 2020년 코로나로 인해 그 어떤 산업보다 더 큰 타격을 받았다. 그렇기에 'Big+3(빅히트 엔터테인먼트+SM·YG·JYP 엔터테인먼트)'의 미래 수익에 대한 우려는 높아질 수밖에 없을 것이다. 콘서트나 돔 투어와 같은 이벤트가 기획사 매출과 이익의 핵심이기 때문이다.

그런데 최근 엔터테인먼트 산업에도 변화가 나타나고 있다. 무엇이 달라지고 있을까.

2020년 6월 15일, 온라인 콘서트인 '방방콘 The Live'에 75만 명이 참여했다. "방에서 방탄소년단을 즐겨보라"라는 콘셉트의 방방콘은, 온라인으로 연결된 팬들이 아미봉을 흔들며 팬심으로 덕질할 수 있는 유료 콘서트였다. 중국을 포함한 전 세계 75만 명이 참여한 규모로, 일반 콘서트에 모이는 팬의 수가 약 5만 명이라고 가정하면 상당한 숫자다. 물론 BTS의 글로벌 콘서트는 전 세계에서 수십 회 진행되면서, 팬덤을 몰고 다니는 효과가 있기 때문에 일반적인 오프라인 콘서트라고만 여기기는 어렵다. 그러나 온라인 콘서트 1회에 일반 콘서트 15회 참가자에 해당하는 75만 명이 한 번에 집결했다는 점은 상당한 의미를 갖는다. 미국에 사는 경우 시차 때문에 새벽 2~5시에 접속해야 됐음에도 말이다.

BTS가 온라인 콘서트를 진행했다면 앞으로는 자연스럽게 다른 K-POP 아티스트들도 온라인 콘서트를 할 수 있을 것이다. 그리고 이는 엔터테인먼트 산업 패러다임의 변화이며, 자연스러운 멀티플의 변화로 이어질 것이다.

이처럼 엔터테인먼트 산업은 아티스트와 팬덤의 위력 그리고 그것을 수익화하는 형태로 성장하며 나아간다. 그래서 키팩터는 각 아티스트의 팬덤, 곧 수익 창출 능력 또 새로운 아티스트의 지속적 출연 등이 된다.

현재 글로벌 팬덤의 정점에는 BTS가 자리 잡고 있다. 소속사인 빅히트 엔터테인먼트는 2021년경에 상장을 준비하고 있다. 빅히트 엔터테인먼트는 한국 엔터테인먼트 산업의 부조리한 수익 구조를 개선하기 위해 방시혁이 창업한 기업으로, 기업이 지향하는 바 때문에 아티스트들이 자연스럽게 모일 수밖에 없다.

과거 JYP의 2PM이나 YG의 빅뱅 등 남자 아이돌 그룹은 군

입대를 전후로 팬덤의 위력이 감소하는 듯한 모습을 보였다. 그러나 동방신기가 군 제대 후 다시 팬덤을 결속하는 데 성공했듯이, BTS를 향한 글로벌 팬덤 역시 흩어지지 않고 결속될 가능성이 높다.

빅히트 엔터테인먼트 상장 이후 아마도 한국 엔터테인먼트 산업의 주가는 시가총액이 가장 크고 팬덤의 위력이 큰 기업이 주도할 것으로 예상된다.

한편 JYP는 일본인으로만 구성된 9인조 여자 아이돌 그룹 니쥬를 성공적으로 데뷔시키면서 다시 한 번 질적인 도약을 하고 있다. 국내 아티스트뿐만이 아니라 해외 각국에서 K-POP을 하는 새로운 아티스트의 시대를 열고 있는 것이다. 지금은 JYP가 이런 흐름을 주도하고 있지만, 과연 다른 기획사들이라고 이런 도전을 하지 않을 이유가 있을까. 이런 변화들 또한 멀티플을 상승하게 하는 요인이 될 것이다.

전기자동차 산업:
자율주행 시대가 온다

키팩터 – 전기자동차 점유율과 판매량, 시장 성장 속도

테슬라의 모델X는 자동차 문이 X자형으로 들려서 위로 열린다(이 독특한 문을 '팔콘윙'이라고 한다). 아마 다들 처음 모델X를 보면 팔콘윙에 놀라고, 그다음에는 가격을 듣고 또 한 번 놀란다.

테슬라가 주식 시장에 스타로 등장한 해는 2012년이었다. 테슬라는 모델S라는 세단형 전기자동차를 판매하기 시작하면서 일거에 글로벌 스타로 떠오른다. 모델S의 디자인은 기존에 전기자동차가 갖고 있던 작고 통통한, 스타일리시하지 못한 이미지를 완전히 종식시킬 만큼 파격적이었다.

테슬라의 디자인이 파격적일 수 있었던 이유는, 배터리를 자동차 하단에 일렬로 배치하면서 상부가 자유로워졌기 때문이다. 테슬라는 엔진룸이 넓지 않아도 되기 때문에 휠베이스(자동차의 앞

바퀴 중심과 뒷바퀴 중심 사이의 거리)가 넓다는 장점이 있고, 차체의 무게가 균등하게 배분되어 몸이 뜬 느낌으로 운전할 수 있다. 그러면서 동시에 제로백(자동차가 정지 상태에서 시속 $100km/hr$에 이르는 시간) 2.5초라는 세계 최고 기록을 가졌다. 그야말로 스타일과 성능을 모두 잡은 전기자동차의 등장이었다. 모델S의 등장으로 테슬라는 일거에 게임체인저로 불리며 주식 시장의 스타가 된 것이다.

테슬라 최대 주주인 엘론 머스크 역시 화제의 인물이었다. 마블의 아이언맨 이미지를 닮은 그는 테슬라의 기업 이미지와도 연결됐다. 부자이지만 괴팍하면서도 뭔가 미래를 바꿀 것 같은 인물, 누군가는 그를 사기꾼 같다고 할 수도 있으나 어쨌든 그는 열정과 괴팍함 그리고 천재성을 가진 인물이었고 테슬라의 이미지에 잘 부합했다.

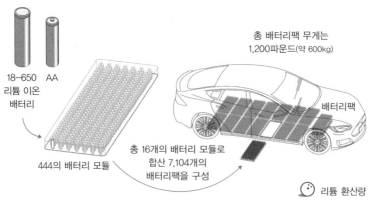

18-650 AA
리튬 이온
배터리

444의 배터리 모듈

총 16개의 배터리 모듈로
합산 7,104개의
배터리팩을 구성

총 배터리팩 무게는
1,200파운드(약 600kg)

배터리팩

리튬 환산량

오직 15파운드(7kg)만이 리튬,
볼링공만 한 무게에 해당

▲ 테슬라 모델S 배터리 구조(출처: Bloomberg)

테슬라 주가는 모델S의 파괴력이 입증되면서 급상승했다. 주당 30달러 수준에서 180달러 수준으로 곧바로 6배 이상 상승한 것이다. 이처럼 테슬라의 주가가 급작스럽게 상승하자, 시장에서는 자연스럽게 기존의 패러다임과 새로운 패러다임의 충돌이 일어났다. 늘 새로운 플랫폼이나 파괴적인 기술 기업이 나타나면 이런 충돌이 일어나는데, 요는 실적 대비 주가가 너무 비싸다는 것이었다.

주가가 과도하게 올랐다고 생각될 때 이를 먹잇감으로 활약하는 게 바로 헤지펀드다. 헤지펀드*들은 과도한 주가에 대해서 공매도**라는 기술을 활용해서 주가가 하락하면 수익을 낸다. 이처럼 헤지펀드가 맹활약하고 있는 미국에서, 테슬라는 기존 패러다임의 주인공인 내연 기관 자동차 브랜드들, 즉 공룡들의 존재로 인해 늘 공매도에 시달릴 수밖에 없었다. 폭스바겐 그룹, 도요타, BMW, GM, 포드 같은 전통 내연 기관 자동차 브랜드들이 전기자동차 시장에 본격적으로 진출하면, 제조 품질이 떨어지는 테슬라를 따라

● 　단기 이익을 목적으로 국제시장에 투자하는 개인 모집 투자 신탁이다. 투자 지역이나 투자 대상 등 당국의 규제를 받지 않고 고수익을 노리지만 투자 위험도 높은 투기성 자본이다.

●● 　말 그대로 '없는 것을 판다'라는 뜻으로 주식이나 채권을 가지고 있지 않은 상태에서 매도 주문을 내는 것을 말한다. 가지고 있지 않은 주식이나 채권을 판 후 결제일이 돌아오는 3일 안에 해당 주식이나 채권을 구해 매입자에게 돌려주면 되기 때문에, 약세장이 예상되는 경우 시세차익을 노리는 투자자가 활용하는 방식이다. 예를 들어 A 종목을 갖고 있지 않은 투자자가 이 종목의 주가 하락을 예상하고 매도 주문을 냈을 경우, A 종목의 주가가 현재 3만 원이라면 일단 3만 원에 매도한다. 3일 후 결제일 주가가 2만 원으로 떨어졌다면 투자자는 2만 원에 주식을 사서 결제해주고 주당 1만 원의 시세 차익을 얻게 된다.

잡을 수 있을 것이라는 전망이 잇따랐다. 내연 기관 자동차들의 환상적인 디자인(마치 포르쉐 같은)과 역사성을 토대로 테슬라를 신생 업체 취급하던 시기였다.

문제는 이들 전통 자동차 브랜드들이 전기자동차 시장에 본격적으로 진출했지만, 막상 테슬라보다 뛰어난 전기자동차를 만들지 못했다는 것이다. 마치 과거 게임 산업에서 모바일 게임 디자인과 PC 게임 디자인이 달랐던 것처럼, 내연 기관 자동차 브랜드가 만든 전기자동차는 디자인과 성능이 모두 기대 이하이거나 가격이 터무니없이 비쌌다.

무엇보다 테슬라는 계획한 대로 제 갈 길을 갔다. 모델S에 이어 모델X, 모델3, 모델Y를 선보이며 유명한 'S3XY 라인'(의도한 것은 'SEXY 라인'이나 포드가 '모델E'라는 상표명을 이미 등록해놨기 때문에 '3'을 사용)을 완성한다. 특히 모델3의 시장성이 인정받으면서부터 본격적인 테슬라 주가 랠리가 다시 한 번 시작된다.

시장은 이렇게 급상승하는 기업에 대해 이익보다 멀티플을 먼저 변화시켰다. 그리고 멀티플이 변화하는 기업에는 반드시 키팩터가 존재하는데, 테슬라 주가가 본격적으로 상승하는 계기도 당연히 키팩터를 확인하면서부터다.

불확실성이 제거되는 순간을 파악하라

성장 기업을 밸류에이션 하는 통상적인 방법을 최종 단계 밸류에이션이라고 했다. 폭스바겐 그룹이나 도요타가 내연 기관 자동차 시장의 10% 이상을 점유하듯, 미래에 테슬라가 전기자동차 시장에서 비슷한 점유율을 확보하려면 실제 생산 역량을 보여줘야만 했다. 분기에 1만 대 판매하는 것, 10만 대 판매하는 것 그리고 100만 대 판매하는 것은 완전히 다른 영역이기 때문이었다. 테슬라에 대해 내내 '과연 생산이 가능한가?'라는 의구심이 들러붙었고, 자연스럽게 키팩터는 '생산 능력'과 '판매량'이 돼 갔다.

의구심이 남아 있던 2019년까지, 테슬라의 주가는 아주 뚜렷하게 상승하지는 못했다. 물론 모델S의 등장으로 이미 높은 수준의 가격 상승이 이루어졌으나 지금만큼은 아니었다. 그런데 역사적이었던 2019년 3분기, 분기 실적이 발표되고 테슬라 모델3의 생산 능력이 분기 10만 대 수준까지 올라오는 모습을 보이자 모든 것이 달라졌다.

2019년 테슬라 자동차 생산량은 2018년 대비 44% 늘어서 약 40만 대 수준이 되었는데, 이는 전년 대비 1.5배 증가한 것이었다. 테슬라 캘리포니아 공장의 안정화와 중국 상하이 공장의 가동 등을 통해서 '전기자동차의 양적 공급'에 충분히 대응할 수 있다는 것을 보여준 것이다. 또 과거 애플이 폭스콘(애플 최대 위탁 생산업체)을 통해서 제품 단가를 낮출 수 있었던 것처럼, 테슬라 역시 상하이 공장을 통해 제조 단가를 낮출 수 있음이 2019년 3분기를 통해서 증명됐다.

　미국 소비자들도 전기자동차를 구매할 때는 거의 예외 없이 테슬라를 선택했는데, 총 전기자동차 판매의 80%를 테슬라가 차지할 정도였다. 그러면서 '전기자동차=테슬라'라는 항등식이 만들어지기 시작했다. 80%라는 높은 시장 점유율은 본 적 없는 수준이었다. 이러한 점유율 확대는 테슬라의 최종 단계 밸류에이션을 키우는 요인이었다.

　이런 사실들이 모두 확인된 2019년 3분기에는 테슬라가 지긋지긋한 적자를 털어내고 흑자 전환까지 하자 이 시기를 기점으로 주가가 최종 단계 밸류에이션을 향해 상승하기 시작했다. 다음

▲ 테슬라의 주가 변화

의 주가 차트에서 2019년 3분기 이후의 변화를 보라.

테슬라의 주가가 급상승하면서, 2020년 초 뉴욕대학교의 다모다란 교수의 테슬라 밸류에이션 논쟁이 일었다. 밸류에이션의 거장 다모다란 교수는 테슬라 주가가 640달러이던 2020년 초에 주식을 매도한다. 테슬라의 가치를 주당 460달러 수준으로 평가한 것이다. 그런데 매도 후 곧바로 테슬라 주식이 900달러를 넘자, 시장에서는 다모다란 교수의 밸류에이션에 의구심을 제시한다. 이에 다모다란 교수는 밸류에이션의 거장답게, 본인이 테슬라를 밸류에이션 한 방법을 블로그에 공개한다. 그러면서 투자자들이 엑셀 파일의 수치 일부만 수정하면 직접 밸류에이션 할 수 있는 일종의 DIY 키트를 제공한다. 이 파일의 내용이 외부로 알려진 것이 바로 다모다란 교수의 테슬라 밸류에이션 논쟁 사건이다.

다모다란 교수의 밸류에이션은 결국 성장의 최종 단계를 어디까지로 가정하고 수익을 추정하는지로부터 시작한다. 그도 최종 단계 밸류에이션 방법을 사용하고 있는 것이다.

지금 테슬라의 차량 라인업은 S3XY 라인 이후 CARS('Cyber truck', 'ATV', 'Roadster', 'Semi truck'의 약자로 결국 'SEXY CARS'를 쓰고 싶어 하는 것 같다)를 향해 가고 있다.

자율주행의 시대가 의미하는 것

그런데 테슬라는 한발 더 나아가 본격적으로 자율주행의 시대를 예고하고 있다.

자율주행은 총 6단계로 나뉜다. 0단계는 비자동No Automation, 즉 수동 운전 단계다. 1단계는 운전자 지원Driver Assistance, 2단계는 손을 내려놓고 전방 주시만 하는 부분 자동화Partial Automation, 3단계는 조건부 자동화Conditional Automation, 4단계가 드라이버의 개입 없이 운전이 되는 상태High Automation, 5단계는 드라이버가 필요 없는 상태Full Automation다. 흔히 3단계부터 자율주행이라는 단어를 사용한다.

테슬라에 초기부터 투자했던 한 투자자는 자율주행에 대해 이렇게 예시를 든 바 있다. "누구도 엘리베이터를 탈 때 자신이 죽을 거라고 생각하지 않고 핸드폰을 보거나 다른 일을 한다. 이렇듯 자율주행의 최종 단계는, 비유하면 엘리베이터가 수평으로 누워서 목적지까지 동작하는 것과 비슷하다." 이 비유만큼 자율주행에 대해 제대로 설명한 말이 있을까.

자율주행의 정점인 5단계 수준이 구현되면 교통사고로 인한 사망자는 이론상 극도로 낮아지고, 그에 따라 차량 보험 체계가 완전히 바뀐다. 그뿐 아니다. 도시의 차량 주행 패턴과 신호체계가 최적화될 뿐 아니라, 나아가 도시의 공간 구조도 크게 변하게 된다.

자율주행의 미래 가치나 최종 단계 평가는 사람이나 기관마다 다르겠지만, 완전 자율주행을 가장 먼저 확보한 기업의 가치가 1조 달러 이상 혹은 6조 달러 이상일 수도 있다는 전망이 무리가 아닐 수도 있다는 생각을 한다.

에드워드 글레이저는《도시의 승리》라는 책에서 인류 최고의 발명품 중 하나가 도시라고 말한다. 특히 현대식 대도시를 의미하는 초고층 건물이 밀집한 뾰족한 도시에 대해 찬양한다. 그런데 이런 뾰족한 도시는 엘리베이터가 존재하면서부터 가능했다. 높은 곳에 이동할 때마다 사망 사고가 나거나 이동 시간이 길다면, 뾰족한 도시는 존재할 수 없었을 것이다.

건축공학적으로 1800년대부터 이미 수십 미터 이상의 건물을 지을 수 있는 건설 능력이 있었고, 고딕 성당 등은 이미 현대적 건축물의 높이를 확보한 건물이었다. 즉, 사람들은 이미 200년 전부터 $100m$ 높이의 건물을 올릴 기술을 확보했다. 그러나 수직 이동을 담당하는 기술의 안정성은 떨어졌다.

그런데 1854년 뉴욕 세계박람회에서 엘리샤 오티스는 직접 엘리베이터를 탄 상태로 로프를 끊고 안전 장치의 기능을 확인하는 시연을 해 보인다. 하지만 그가 고안한 자동 안전 장치 덕분에 엘리베이터는 불과 몇 인치만 하강한 채 멈추었고, 그 덕분에 사람들은 엘리베이터의 안전성을 믿게 되었다. 이 시연으로 오티스 엘리베이터는 건축물의 고층화의 제약을 없앤다. 50층이 넘는 초고층 건축물에 있어 고속 엘리베이터는 필수적이며, 도시가 더 뾰족해지는 데 큰 역할을 했다.

오티스 엘리베이터가 만들어놓은 현재의 고밀도 고층 건물이 즐비한 도시들의 가치는 얼마나 될까. 고층 건물이 맨해튼, 도쿄, 베이징, 두바이, 서울과 같은 고밀도 도시들의 공간 활용에 기여한 경제적 가치는 상상하기 어려울 정도다.

이쯤에서 자율주행을 '누워 있는 오티스 엘리베이터'라고 생각해보자. 그리고 아주 빠른 속도로 이동하지만 아무런 사고가 나지 않는 시대를 상상해보자. 뭐, 상상은 자유다. 그런데 이런 거대한 변화가 시작되면 자동차뿐 아니라, UAM^{Urban Air Mobility, 도심 항공} ^{이동 수단}과 같은 장비에도 활용할 수 있어서 아마 수많은 것이 바뀔 것이다.

▲ 1854년 뉴욕 세계박람회에서의 오티스

이런 자율주행이 완벽해지는 미래를 최종 단계라고 할 때, 현재는 과연 어떤 수준일까. 자율주행 2단계 수준을 넘어서기 시작한 기업은 테슬라, 구글의 웨이모, GM의 수퍼 크루즈, 우버와 같은 기업으로 알려져 있다. 특히 그중 테슬라와 우버, 구글 등이 가장 앞설 것이라는 평가가 일반적이다. 자율주행에 활용되는 센서인 라이다LIDAR, 레이저를 목표물에 비춰 사물과의 거리 및 다양한 물성을 감지하는 기술를 쓰지 않는 테슬라 진형과 라이다 없이는 안 된다는 라이다 진형이 다투기도 한다. 물론 미래는 어떻게 될지 모르고, 다른 기술 기업들도 이에 상당한 투자를 하고 있다. 그러나 이런 기업에 투자하는 투자자들은 '누가 먼저 갈지는 몰라도 최종 단계, 즉 완전 자율 주행은 반드시 온다'고 확신할 것이다. 그렇다면 자율주행에 도전하는 기업들에 조금씩 배분해서 투자하는 것이 현명한 투자 방법의 하나이지 않을까.

시장 가치가 가장 거대한 산업을 꼽으라면

현재 시점에서 비교적 가까운 미래에 상상할 수 있는 최종 단계의 시장 가치나 기업 가치가 가장 거대한 산업을 꼽으라면 몇 가지 대답이 나올 것이다. 그런데 누가 나에게 질문한다면 나는 주저하지 않고 자율주행을 꼽을 것이다.

엘론 머스크는 판매된 테슬라 자동차의 고객들이 자율주행 프로그램을 켜고 달린 누적 거리를 공개하고 있는데, 2016년 10월 8일 트위터에 "누적 테슬라 오토파일럿Autopilot● 마일은 2.22억 마일"이라고 발표했다. 이후 한동안 조용하더니 "테슬라 소유주들이 10억 마일을 오토파일럿으로 운행했다"라고 테슬라 트위터에 발표한다. 즉, 계속해서 테슬라의 오토파일럿 프로그램이 자율주행하면서 딥러닝Deep learning, 컴퓨터가 마치 사람처럼 생각하고 배울 수 있도록 하는 기술하고 있음을 알린 것이다.

　테슬라의 AI와 오토파일럿 디렉터 안드레아 카르파티가 올해 2월에 한 발표에 따르면, 테슬라의 오토파일럿은 30억 마일을 달성했다.

　최종적으로 오토파일럿 누적 마일이 얼마나 되면 자율주행이 가능해질까. 테슬라는 홈페이지에 이 내용을 공개하고 있다. 테슬라는 아직 자율주행을 규제하는 나라가 많지만, 자율주행 거리가 누적 60억 마일(100억㎞) 정도가 되면 대부분 국가에서 자율주행을 인가할 것이라고 예상한다. 미국 도로교통안전국에 따르면 800~900만 마일마다 한 명의 사망자가 나오는데, 오토파일럿을 사용하면 사망자가 1/2 이하로 내려갈 수 있고, 이 수치는 나날이 개선될 것이라고도 예측한다. 테슬라는 오토파일럿 사망률이 수동 운전의 1/10 이하로 내려갈 때, 자신들의 자율주행 프로그램에서

● 　일반적인 차선 유지, 차간 거리 조정 등의 기능보다 진화된 차선 변경, 자동 차고 입·출입 등의 기능을 포함한 반자율주행 기능을 말한다.

'베타'라는 이름을 빼기로 했다.

비행기가 이미 오토파일럿을 통해 운행되듯, 언젠가 자동차도 오토파일럿을 통해 운행되는 세상이 올 것이다. 테슬라가 미리 오토파일럿을 공개한 이유도 이것이 직접 운전하는 것보다 안전하다고 생각하기 때문이다.

이쯤 되면 테슬라라는 기업에 대해 시장이 무엇을 기대하는지 느꼈을 것이다. 시장은 이미 테슬라가 60억 마일을 달성하는 시점을 예상하고 있다. 또 그러한 성장 배경에는 테슬라가 만들 총 여덟 개의 자동차, 즉 'S3XY CARS' 라인이 시장에 상당한 영향력을 행사하는 브랜드가 될 것이라는 예측이 뒤따른다. 그런 사람들이 지금 테슬라에 투자하고 있다.

2019년 8월, 일본은 각료회의에서 한국을 화이트 리스트(수출 심사 우대국 리스트)에서 제외한다. 이때 우리나라에서는 일본의 경제 보복으로 인해, 반도체 소재 3개 품목에 대한 수출 규제를 시작으로 기간 산업인 반도체와 디스플레이 산업 경쟁력이 훼손될 것이라는 우려 섞인 목소리가 나오기 시작한다.

특히 수입 규모가 크고 일본 의존도가 높은 고위험 품목들이 수출 규제 리스트에 대거 포진해 있었다. 실리콘 웨이퍼나 블랭크 마스크, 에폭시 수지와 같은 재료들이었다. 반도체 공정에 사용되는 식각, 세척기기, 연마기, 광택기도 대부분 일본산이었다.

이에 이재용 삼성전자 부회장은 7월 일본 출장길에 올라, 서플라이 체인(공급 사슬)을 점검한 것으로 알려졌다. 이때까지의 국내 언론들은 일제히 국내 산업에 대해 우려했다. 화이트 리스트 제외 시행 초기에 국내 기업들의 소재 부품 등 공급 문제에서 특히 불산액(액체 상태 고순도 불화수소)과 포토레지스트(감광액), 플루오린 폴리이미드와 같은 소재들이 화두가 됐다.

정부가 밀어주는 소부장 산업들

패러다임 변화는 국내 기업, 특히 삼성전자와 SK하이닉스, LG디스플레이로 대표되는 국내 IT공룡들이 소재-부품-장비(이하 소부장)의 국산화에 박차를 가하면서부터다. 정부도 소부장 국산화에 팔을 걷어붙이기 시작했다.

먼저 불산액의 경우, 국내 업체 중 솔브레인과 램테크놀러지가 대응했다. 반도체 회로를 그릴 때 쓰는 포토레지스트의 경우에는 미국 듀폰을 충남 천안(천안·아산은 디스플레이 밸리로 불릴 만큼 관련 기업이 즐비해 있다)에 유치했고, 동진쎄미켐도 두각을 나타냈다. 일본 의존도 90%가 넘던 블랭크 마스크*는 SKC와 에프에스티, 에스앤에스텍 등이 완벽하게 대응하면서 이들 기업의 주가는 단기간에 10배 이상 상승하는 모습을 보이며 시장을 주도했다.

● 반도체나 FPD(평판 디스플레이) 공정에 핵심 재료인 포토마스크의 원재료고, 비메모리 반도체의 핵심 소재다.

기업	업종	내용
솔브레인	반도체	고순도 불화수소(불산액) 생산량 기존 대비 2배 증가
듀폰	반도체	포토레지스트(감광액) 공장 충남 천안시 건설 결정
SK머티리얼즈	반도체	금호석유화학의 포토레지스트 사업부 인수
SKC	반도체	최상급 블랭크 마스크 시제품 생산 성공
SK실트론	반도체	듀폰 실리콘 카바이드^{SiC} 웨이퍼 사업부 인수
코오롱인더스트리	디스플레이	플루오린 폴리이미드 시제품 생산 추진
SK아이이테크놀로지	배터리	리튬이온배터리분리막^{LiBS} 생산량 기존 대비 40% 증가
한화솔루션	광학렌즈	고순도 자일릴렌디이소시아네이트^{XDI} 양산 성공

▲ 일본 수출 규제 이후 '소부장' 국산화 추진 사례(출처: 산업통상자원부, 각 사)

▲ 에스앤에스텍의 주가 변화

에스앤에스텍 주가는 2018년 11월 불과 2,555원 수준이었으나, 2020년 7월 31일 기준 51,000원으로 사실상 1.5년 만에 20배 상승했다. 특히 소재 부품 장비 자체 국산화에 성공하면서 주가는 그야말로 날아올랐다. 시가총액 역시 20배 상승하면서, 500억 원 수준에서 1조 원 수준까지 치솟았다.

에프에스티의 주가도 비슷했다. 2020년 3월 4,070원이던 주가는 2020년 6월 39,450원까지 약 10배 상승했다. 시가총액도 500억 수준에서 5,000억 수준으로 치솟게 된다.

2020년이 되면서 정부는 소재 부품 장비인 소부장 기업들에 대한 대대적 지원을 약속한다. 2019년 말 내놓은 경제정책 방향에

▲ 에프에스티의 주가 변화

서는 소부장 기업들의 경쟁력 강화를 위해 전략 품목들에 대한 공급 안정성과 지원책을 확대한다는 내용도 발표했다. 소부장 펀드들도 출시된다. NH아문디자산운용의 '필승코리아 주식형 펀드'가 2019년 8월에 출범했고, 이 펀드에 문재인 대통령도 가입한다. 문재인 대통령은 일본의 경제 보복에 대응하여 국산화, 원천 기술 개발을 위해 노력하는 소부장 기업들을 응원하고자 이 펀드에 가입한다고 밝혔다. 이후 이 펀드는 2019년 하반기에 다수의 개인들에게 호응을 이끌어낸다.

출시	2019년 8월 14일(NH아문디자산운용)
유형	국내주식형
투자 대상	국내 부품·소재·장비 기업
수탁고 *	400억 5,000만 원(2019년 8월 30일 기준)
운용 보수	0.5%(운용 보수의 50%를 공익 기금으로 적립)

▲ 필승코리아 주식형 펀드 개요

펀드가 조성되면서 자금이 유입되고, 관련 기업들 주가 역시 큰 폭의 상승을 이어나간다. 이후 2020년 하반기에는 삼성전자가 다시 EUV 기술로 파운드리 양대산맥으로 거듭날 것이라는 분위기가 조성되면서 이들 종목과 펀드의 수익률이 높아지고 있다.

반도체 투자 VS 반도체 부품 투자

이들 기업 주가의 키팩터로 작용한 것은 바로 삼성전자의 지분 투자였다. 삼성전자는 협력사 중 가장 중요하다고 생각되는 기업들에 지분 투자를 한다. 2017년에 삼성전자가 솔브레인과 동진 쎄미켐에 지분 투자를 한 바 있는데, 2020년에는 에스앤에스텍, 와이아이케이에 지분 투자를 한다. 2020년 7월 말, 에스앤에스텍은 659억 원 규모의 유상 증자**를, 와이아이케이도 473억 원 규모의 유상 증자를 단행했다. 이들 자금은 해당 기업들의 시설 자금과 운영 자금으로 활용될 예정이다.

IT 산업과 자동차 산업의 경우, 협력사들의 수가 상당히 많다. 소부장의 부는 '부품Parts'을 의미하듯, 부품을 만들고 조립하는 공정에서 협력사가 많아질 수밖에 없고, 이들 협력사는 고용과 생산성을 만들어내는 소중한 기업들일 것이다.

특히 한국은 반도체 산업을 주력으로 하는 나라이고, 관련 기업도 많다. 관련 공정·기술별 업체들의 경쟁력 등을 미리 파악한다면, 오히려 삼성전자, SK하이닉스, LG디스플레이 등에 투자하는 것보다 더 높은 수익률을 올릴 수도 있다.

● 은행 등의 금융 기관이 고객이나 다른 금융 기관으로부터 위탁받은 재산의 총량을 말한다.
●● 증자란 기업이 회사의 사본금을 늘리는 것을 말하는데, 유상 증자란 신주新株를 발행함으로써 자금을 새로 조달하여 자본금을 늘리는 것을 말한다.

우리나라는 미국과 달리 ETF가 충분히 발전하지는 않은 상황이라 이들 중소형 소부장 기업 전용 ETF는 찾기 어렵다. 오히려 공모펀드 중에서 이들 기업에 주로 투자하는 펀드들이 있는데, 이를 활용하는 것이 좋은 방법일 수 있다.

2020년 이후의 시장: 주식 시장 7공주와 니프티 피프티

2011년 개봉한 영화 〈써니〉는 7공주 중 한 명이 나머지 멤버들을 찾으러 다니면서 시작하는 영화다. 원래 7공주는 플레이아데스 성단의 별자리 중 가장 빛나는 일곱 개의 별을 지칭하는 단어다.

영화나 별자리뿐 아니라 기업, 법률계 혹은 학계에서조차 7공주라는 단어는 자주 사용된다. 그리스 신화에서 유래된 오래된 단어이기 때문이다. 주식 시장에서는 빛나는 종목을 종종 7공주에 빗대어 이야기하곤 한다.

7공주라는 단어를 본격적으로 세계에 알린 것은, 1940년대에 전 세계 석유 산업을 지배했던 오일메이저 집단이었다.

앵글로-이란 석유회사(현재 영국 최대 석유 회사인 BP의 전신)

로열 더치 셸(네덜란드와 영국의 합작 정유 회사)

스탠더드오일 오브 캘리포니아(현재의 셰브런)

걸프 오일(1984년 셰브런에 합병된 석유 회사)

텍사코(2001년 셰브런에 합병된 석유 회사)

스탠더드오일컴퍼니 오브 뉴저지(현재의 엑손 모빌)

스탠더드오일컴퍼니 오브 뉴욕(현재의 엑손 모빌)

오일메이저, 7공주의 위세는 대단했다. 스탠더드오일컴퍼니를 만든 석유왕 록펠러는 1900년 초 미국 석유 시장의 88%를 독점했고, 1911년에는 반독점법에 따라서 회사가 분할됐지만 여전히 이들 기업이 전 세계 오일 시장을 독점했다.

현재 미국 주식 시장에도 7공주가 있다. 'FANGMAN'이라고 불리는 다음의 일곱 개 기업이다.

F: 페이스북 Facebook

A: 애플 Apple

N: 넷플릭스 Netflix

G: 구글 Google

M: 마이크로소프트 Microsoft

A: 아마존 Amazon

N: 엔비디아 NVIDIA

FANGMAN은 각 기업의 영문 앞글자를 딴 약자로, 주식 시장이 낳은 일곱 개의 거대한 기업 집단을 '나스닥 7공주'라고 부른다. 1940년대의 7공주와 2020년대의 7공주를 비교하면, 산업 측면에서 완전히 달라졌다는 것을 알 수 있다. 이는 시대가 달라지면서 주류 산업이 달라졌다는 것을 자연스럽게 보여준다.

한국 주식 시장의 7공주란

2020년 한국에도 7공주는 존재한다. 소위 '코스피 7공주'다.

카카오

네이버

엔씨소프트

삼성바이오로직스

셀트리온

LG화학

삼성SDI

이들 카카오와 네이버는 플랫폼 기업, LG화학과 삼성SDI는 배터리 관련 기업, 삼성바이오로직스와 셀트리온은 제약·바이오 기업, 엔씨소프트는 게임 기업이다.

코스피 7공주는 나스닥 7공주를 따라 만든 말로, 이들 코스피 7공주의 2020년 주가 성과는 다음과 같다. 삼성바이오로직스 87% 상승, 네이버 36% 상승, 셀트리온 60% 상승, 삼성SDI 66% 상승, 카카오 72% 상승, 엔씨소프트 60% 상승. 코스피 대비 확실히 초과 상승하는 모습을 보였다. 특히 코스피 7공주의 제약·바이오, 배터리, 플랫폼, 게임 기업의 경우, 코로나19가 만든 언택트 시장 분위기 속에서 수혜로 거론되던 종목들이어서 시장을 선도하는 기업이 된 것도 사실이다.

그런데 원래 상승하는 종목, 좋은 성과를 내는 종목들을 7공주로 묶는 흐름은 어느 나라, 어느 시기에나 있었다. 2000년대의 '차화정(자동차, 정유, 화학 기업의 줄임말)' 시대 때도 7공주가 있었고, 2014년 이후 화장품 대세 시기에도 중국 유커 유관 산업들이 시장을 선도하면서 7공주가 나왔으며, 2015년 이후 제약·바이오 산업이 크게 상승할 때도 제약·바이오 7공주가 존재했다. 현재는 코로나19발 언택트 시대이기 때문에 저런 7공주 조합을 갖게 된 것이다.

2020년 6월에는 "7공주는 마이너스 금리 시대가 만든 종목 집중화 현상의 반복"이고 "코스피 7공주의 주식 시장 비중은 2017년 7%에서 2020년 17%까지 상승했다"며, 주식 시장에는 늘 7공주가 있었다는 보고서*가 나오기도 했다.

이처럼 다른 나라 주식 시장에도 7공주는 존재할 것이다. 그러나 모든 7공주의 시초는 항상 미국이었다. 현재 미국 나스닥 7공주는 글로벌 플랫폼, 콘텐츠 시장을 사실상 독과점하고 있는 기업인 만큼, 이런 기업들에 대한 선호는 상당 기간 유지될 것이다.

주식 시장은 반복된다

오늘날 7공주가 있다면 과거에는 '니프티 피프티Nifty Fifty'가 있었다. 개인 투자자들이 선호하는 잘 알려진 주식 중심, 또 액티브 펀드Active fund, 시장 초과 수익률을 얻기 위하여 적극적이고 과감하게 종목을 선정하여 운영하는 펀드가 아닌 패시브 펀드Passive fund, 특정 주가지수에 들어 있는 주식들을 편입해서 운용하는 펀드인 ETF 중심으로 자금이 들어오다 보니 자연스럽게 개인에게 선호되는 종목에 더 많은 자금이 모이면서 약 50개 대형주만 상승하는 시장(니프티 피프티)을 이미 미국에서 경험한 것이다.

니프티 피프티 장세는 1960~1970년대 뉴욕 증권거래소의 대표 종목 중심으로 펼쳐진 강세장이었다. 1970년대 니프티 피프티에 해당하는 종목은 IBM, 펩시콜라, 다우 케미칼, 질레트, GE, 제록스, 월마트, P&G와 같은 기업들이 대표적이었다.

지금의 미국 주식 시장은 50이 아니라 10, 즉 '니프티 텐' 시장이다. 더 나아가 오직 7개 종목만이 강세인 7공주가 득세하는 시

●　하나금융투자 이재만 주식 전략 팀장

장이라고도 불린다. 아마 미래에는 삼총사 시장이 될지도 모르겠다. 그만큼 대형주에 대한 쏠림이 더욱 심해지고 있다.

우리나라에서도 2020년 5월에 하반기 주식 시장을 '니프티 피프틴Nifty Fifteen'으로 전망한 보고서가 나왔다.● 한국 주식 시장 역시 15개의 대형 종목으로 압축되고, 신뢰를 주는 소수 종목에 쏠림 현상이 나타날 것이라는 전망이었다. 이 보고서에서는 LG화학, 천보, 삼성SDI, 에코프로비엠, 네이버, 카카오, 엔씨소프트, 더존비즈온, 셀트리온, 유한양행, SK텔레콤, LG유플러스, GS리테일, LG생활건강, NHN, 삼성전자, SK하이닉스를 니프티 피프틴으로 선정했다.

이 종목들은 확실히 2020년에 주목받고 있다. 시장이 ETF를 중심으로 패시브화 되고, 사람들 입에 오르락내리락하는 인기 종목 위주로 점차 종목이 압축되면서, 소위 '갈 놈만 가는' 시장이 될 수도 있다.

다만 과거나 지금의 시장을 살펴볼 때, 7공주나 니프티 피프티처럼 압축되는 종목의 공통점은 분명히 존재한다. 그 종목들이 그 시대의 '성장주'라는 점이다. 이 기업들은 금융 시장에서도 고성과를 내는 기업들이다. 작년 실적이 좋은 기업이 아닌 미래에 실적이 좋아질, 더 성장할, 차별적으로 해자를 구축할, 기술적 혁신을 만들

● SK증권 이효석 전략 팀장

만한 기업들이고, 사람들은 그런 기업을 더 선호할 것이다. 그렇기에 앞으로도 계속 7공주나 니프티 피프티의 시대는 반복될 것이다.

4장

절대 잃지 않는
투자를 하라

ETF 투자가 주는
기회

ETF 투자가 대중화된 지 오래다. ETF란 개별 주식처럼 거래할 수 있는 일종의 펀드로, 여러 개의 종목을 한 번에 살 수 있는 장바구니 같은 개념으로 이해하면 쉬울 것이다.

ETF는 하나의 ETF만으로 여러 종목에 분산 투자할 수 있다는 점, 낮은 펀드 수수료와 활발한 거래에 따른 높은 유동성, (ETF 구성 종목을 알 수 있다는 의미에서) 운용의 투명성 때문에 개인 투자자들에게 인기다.

ETF가 등장한 지는 오래됐지만, 본격화된 것은 글로벌 금융 위기를 거치고 난 이후부터다. 원래 펀드란, 펀드 매니저가 적극적으로 주식 운용 전략을 수립해서 대응하는 펀드가 더 대중적이었다. 그러나 이런 펀드 중 80%가 시장 수익률 평균을 하회했다. 펀드마다 수익률 편차도 컸다. 그러다 보니 자연스럽게 시장 평균인 지수만큼만이라도 운용 성과를 내라는 요구가 늘기 시작했다. 그 러려면 지수에 직접 투자하면 되는데, 그런 니즈를 충족하는 펀드 가 ETF였다.

ETF는 패시브 펀드라고 부르고, 공모 펀드●는 액티브 펀드라 고 부르기도 한다. 공모 펀드란, 펀드 매니저가 적극적Active으로 종 목을 고르고, 운용 전략에 따라 자유롭게 운용 거래를 한다. 반대로 ETF는 편입 종목을 빈번하게 바꾸지 않고, 연 2회 이하로 변경하 는 것이 대부분이어서 수동적Passive으로 종목 편입 비중을 고정화 하는 경향이 있다.

과거 액티브 펀드가 주류일 때는 자못 다양한 펀드가 나왔다. 국내의 삼성그룹주 펀드나 배당주 펀드와 같은 펀드가 대표적인 예다. 이 펀드들은 일반 공모 펀드와 달리 삼성그룹의 주식만 사는 등 나름의 독특한 운용 전략을 구사했다.

그런데 ETF의 시대가 열리면서 ETF 종류가 비약적으로 다 양해졌다. 특정한 투자 아이디어, 즉 모티프 자체를 ETF로 금세 만 들어서 투자할 수 있도록 한 것이다. 미국 대형주에만 투자하고 싶 으면 그렇게 종목을 모아서 ETF 펀드를 만들어 출시하고, 미국 소 형주에만 투자하고 싶으면 또 금세 모아서 ETF 펀드를 만드는 식

●　50인 이상의 불특정 다수의 투자자를 대상으로 자금을 모으고 그 자금을 운영하는 펀드를 말한다.

이다. 금에 투자하고 싶거나, 원유, 채권에 투자하고 싶으면 곧바로 해당 ETF 펀드가 나왔다. 아무것에나 쉽게 투자할 수 있는 시대가 열린 것이다.

왜 ETF에 투자금이 몰리는가

ETF에 투자하려면 ETF를 보는 방법도 중요하다. 'KODEX 코스닥150'이라는 ETF가 있다고 하자. 여기서 'KODEX'란 이 ETF 운용사인 삼성자산운용이 사용하는 이름이다. 그다음 '코스닥150 레버리지'란 해당 ETF의 투자 방식을 나타낸다.

마찬가지로 'TIGER 200 IT'라는 ETF도 있다. 'TIGER'란 미래에셋자산운용이 운용사라는 의미이고(즉, 그들이 만들었고), 200개의 IT 종목에 투자하는 펀드를 말한다. 해외의 ETF 펀드도 마찬가지로 ETF 운용사의 이름이 펀드 이름 맨 앞에 등장한다. 가령 미국 ETF 중 'iShares'라는 이름이 붙는 ETF는 블랙락Blackrock이라는 업체가 운용하는 ETF라는 의미다.

그런데 패시브 투자인 ETF에 개인들이 점점 많은 돈을 투자하면 어떻게 될까.

패시브 펀드는 오래된 역사를 갖고 있지만, 2008년 글로벌 금융 위기 이후 투자자들이 액티브 펀드보다 패시브 펀드를 선호하게 됐다. 또 글로벌 금융 위기를 극복하기 위한 양적 완화 자금이 점진적으로 패시브 시장으로 들어가면서, 현재 패시브 펀드는 시장을 점차 괴물처럼 바꾸고 있다. 일본의 경우 중앙은행이 직접 ETF를 사들이고 있는데 이는 간접적으로 주식을 사는 것과 마찬가지다. ETF에 돈이 들어오면 그 돈으로 ETF에 편입된 종목을 사기 때문이다.

ETF 투자의 리스크

패시브 자금이 지배하는 지금은 어떤 시대일까.

ETF로 들어오는 자금은 ETF의 보유 종목 비중에 따라 거의 그대로, 기계적으로 배분된다. 예를 들어 삼성전자와 SK하이닉스, 마이크론을 모두 보유한 IT 관련 ETF가 있다고 하자. 만약 삼성전자와 SK하이닉스만 사고 싶은 투자자가 이 ETF를 매수한다면 그 자금은 삼성전자, SK하이닉스, 마이크론에 모두 배분된다. 따라서 ETF 시장이 커지면 커질수록, 해당 개별 종목의 이슈보다 해당 산업이 속한 섹터가 중요해진다. 그리고 섹터별 움직임보다 국가별 시장 변화가 더 중요해진다. 즉, ETF와 패시브 수급이라는 거대한 자금 이동 앞에서 개별주 분석이 큰 의미를 갖지 못하는 것이다. 그리고 ETF는 점차 상승하는 종목 위주로 더 많이 제작되고 운영되기 때문에 자금 쏠림 현상이 크게 나타나는데, 그것이 2010년대 주가 흐름의 큰 줄기 중 하나였고 현재도 진행 중이다.

원래 주식 시장에는 저평가된 종목을 찾거나 고평가된 종목을 공매도하면서, 시장의 적정 가격을 찾아가는 가격 결정 기능이 존재했다. 그러나 패시브 자금, 즉 ETF의 시대가 열리고 개인 투자자들이 ETF에 적극적으로 투자하기 시작하면서, 개별 기업만 움직이는 현상은 사실상 사라졌다. 물론 패시브 자금뿐 아니라, 액티브 자금도 존재하고 개인 직접 투자도 존재하기 때문에 주가는 이 주체들의 총 매매 결과를 따라가게 된다. 그러나 패시브 자금이 커질수록 이런 비패시브 자금의 영향력은 감소하고 패시브의 영향력이 절대적으로 여겨지는 시점이 오게 된다. 이런 시점이 오면 개별 종목의 구분이 무의미해지고 그저 산업 단위로 주가가 동시에 움직이거나 국가 단위로 종목 전체가 움직이는 현상이 발생한다.

반대로 ETF는 매도할 때도 기계적으로 거래한다. 좋은 기업, 나쁜 기업을 구분하지 않고, 비중만큼 일제히 매도하는 것이다. 그러다 보면 어떤 종목은 성장 경로를 따라 잘 성장하고 이익도 상당한데도 불구하고 ETF 매도세가 나오면 구분 없이 동반 매도가 되면서 주가가 폭락할 수 있다. 그러므로 주가의 수급 측면에서 가장 우호적인 이슈는 바로 해당 종목의 대형 ETF 편입 이슈다. 반대로 어떤 종목의 ETF 편출 여부는 부정적 뉴스가 된다. 따라서 코스피200 ETF든, 코스닥150 ETF든 해당 ETF가 포트폴리오를 변경하는 시점마다 관련 종목에 큰 영향을 준다.

ETF는 많은 개인 투자자들에게 다양한 투자 기회를 제공한다는 긍정적인 측면이 있다. 다만 단기간에 높은 변동성을 원하는 투자자들을 위해서 레버리지 ETF가 등장하기 시작했다는 점은 다소 위험하다고 여겨진다. 레버리지 ETF는 파생 상품이고, 파생 상품은 원본 초과 손실의 위험성을 갖고 있기 때문이다. 이를 잘 가릴 필요가 있다.

스토리가 숫자를 만날 때
주가가 폭발한다

2003년, 스탠퍼드대학교를 자퇴한 엘리자베스 홈즈는 건강 관련 기술 스타트업 테라노스를 설립했다. 그때 그녀의 나이는 19세였다. 그리고 2014년, 31세가 되던 해에 테라노스를 10조 달러 가치의 기업으로 성장시키며 그녀는 전 세계에서 가장 각광받는 경영자 중 하나가 됐다.

테라노스는 소량의 피로 수백 가지 질병을 확인할 수 있는 기술과 진단 장치를 개발했다고 했고, 이 소식은 〈포브스〉, 〈블룸버그〉, 〈포춘〉 지를 장식했다.

그러나 테라노스의 비밀을 꾸준히 파헤쳐온 한 기자가 테라노스의 기술이 거짓이라는 것을 2015년 10월에 〈월스트리트〉 저널에 공개하면서, 그녀와 기업의 스토리는 완전한 사기극으로 판명

난다. 결국 2018년, 테라노스는 역사 속으로 사라진다.

테라노스의 가치를 평가할 때 아마도 사람들은 최종 단계에 도달했을 때의 기업 가치를 현재 시점으로 환산하기 위해 이자율로 할인하는 형태를 사용하여 밸류에이션 했을 것이다. 혈액 몇 방울로 모든 병을 진단할 수 있는 시대가 온다면, 그리고 그게 10년 후라면, 10년 후에 그 기업의 가치는 현재 거의 모든 진단 기업의 가치를 합친 것과 비슷한 수준으로 클 것이다.

이런 스토리는 성장주 투자, 무형 자산 중심의 기술 기업이나 플랫폼 기업을 전망하는 데 있어 반드시 필요한 부분이라고 강조해 왔다. 그러나 가장 중요한 부분은 바로 스토리와 숫자가 만나야 한다는 것이다. 테라노스 사건으로부터 이를 분명히 확인할 수 있다.

좋은 스토리는 투자의 영감으로 작용하고, 최종 단계 밸류에이션이라는 수치화 작업을 거치면서 점차 기업의 장기적 미래 가치에 대한 분석의 근거를 제공한다. 그리고 이런 것들을 잘 만드는 사람이 훌륭한 투자자인 경우가 많다.

헤지펀드 투자의 제왕으로 불리는 스탠리 드러켄밀러의 말처럼, 이제 관건은 결정된 종착지를 향해 '제대로' 가는지를 확인하는 것이다. 즉, 스토리 라인이 완벽하다면, 그 스토리 라인대로 제대로 가고 있는지 반드시 '숫자'로 확인하는 과정이 필요하다는 점이다.

물론 그 숫자가 반드시 매출액이나 이익이어야 할 필요는 없다. 모든 산업마다 키팩터가 다르기 때문이다. 예를 들어 반도체 산업의 주가를 전망할 때, 설비 투자의 감소로 반도체 가격이 오르고 그로 인해 이익이 개선되면서 주가가 상승할 것이라는 좋은 스토리 라인을 짰다고 가정해보자.

이때 스토리와 숫자 혹은 키팩터가 반드시 만나야 하는데 실제 2021년에 반도체 기업의 설비 투자 감소가 확인된다면 스토리는 사실이 되고, 스토리가 사실이 된다면 최종 단계에 이르기까지 주가를 움직이는 동력이 될 것이다.

밸류에이션의 대가이자 뉴욕대학교 교수인 애스워스 다모다란은 최근 그의 저서 《내러티브 앤 넘버스》를 통해 이런 사실을 정확히 지적한다. 그는 책을 통해 스토리와 숫자가 만나는 것의 중요성을 언급하고 있다.

숫자만 보면 성장의 경로나 종착지를 보지 못할 가능성이 크고, 스토리만 보면 종착지의 크기나 경로를 잘 가고 있는지 보지 못할 가능성이 큰 것이다.

이 책이 언급하는 10개의 투자 아이디어는 주로 성장주 투자에 관한 것이다. 그러나 그런 아이디어들로 인해 움직이는 시장의 종착점 크기, 그것의 현재 가치, 가는 과정 중의 중간 종착지의 위치나 숫자, 이런 것들을 확인하지 않는다면 그것은 같은 성장주 투자라고 해도 실패할 가능성이 크다. 그러나 이를 모두 확인하면서 투자의 미래를 확신할 수 있다면 그 투자는 커다란 수익을 안겨줄 것이다.

아마존과 예스24의 차이점

20년 전으로 돌아가보자.

당시 아마존, 예스24, 인터파크는 모두 온라인 도서 판매가 주요한 사업이었다. 그래서 그때로 돌아가 1억 원으로 이 기업들에 투자한다면, 아마존에만 1억 원을 투자한다는 사람보다 세 기업에 1/3씩 투자한다는 사람이 더 많았을 것이다. 왜냐하면 당시는 사업 형태가 다 비슷했기 때문이다. 물론 미국과 한국이라는 시장 차이가 존재하지만 그럼에도 사업 형태가 비슷하다는 점에서 셋 다 성공하거나 세 기업의 미래가 비슷할 거라고 생각한 사람이 많았을 것이다.

그러나 현재 시점에서 이 세 기업은 어떤 차이를 가지는가. 어떤 기업은 전 세계 기업 중 시가총액 1, 2위를 다투는 기업이 됐는데, 왜 다른 기업은 그렇게 되지 못한 걸까. 그 차이는 무엇일까.

투자는 미래의 종착지를 미리 그려놓고 생각하지만, 기업의 경영 전략이나 환경 변화 등에 따라 얼마든지 종착지의 수나 종류, 크기가 달라질 수 있다. 그러나 아마존이 성장하면서 보여주었던 중간 지점마다의 키팩터가 미래의 종착지를 다양화, 구체화하고 그것이 투자자들에게 현실성 있는 목표로 다가오면서 기업 가치가 급상승하기 시작했다는 점이 중요하다.

테라노스는 극적으로 실패한 기업 사례이지만, 테라노스가 아니라고 해도 멀티플이 60배까지 올랐다가 20배로 내려오는 기업은 무수히 많다. 이 기업들의 멀티플 하향은 이익 때문이라기보다 멀티플이 낮아질 만한 일, 즉 성장 경로에서 확인한 수치와 키팩터가 시장의 기대치보다 낮은 경우가 훨씬 많을 것이다. 결국 좋은 스토리는 반드시 숫자 또는 키팩터와 만나야 하고, 투자는 그런 것을 확인하면서 의사 판단하는 과정이라는 점을 잊지 말아야 한다.

자산이 아닌
리스크를 배분하라

장기간 상승해온 주식이라고 해도, 특정 기간에 부침이 있는 경우가 많다. 특히 개별 기업으로 갈수록 주가의 높은 상하향 변동성은 진입 시점에 따라서 투자자들이 손익률을 결정하는 가장 중요한 지표가 될 수도 있다. 성장하는 기업을 찾았다고 해도 언제 샀느냐에 따라 손익 차이가 드라마틱하게 발생한다면, 그런 기업의 좋은 투자 시점을 찾기란 대단히 어려운 법이다. 그래서 사람들은 우상향 일직선으로 움직이는 주가를 좋아한다.

이는 펀드도 마찬가지다. 전설적인 공모 펀드 매니저였던 피터 린치는 오랜 기간 상승한 공모 펀드를 운용했지만, 펀드 수익률 성과나 매수 시점에 따라서 투자자마다 다른 결과를 얻었음을 고백한 적이 있다. 누군가는 주가가 높은 시점에 매수해서 손실을 봤다는 의미다. 손실이 적다면 큰 문제는 아니지만 큰 규모의 자산을 투자했는데 손실을 봤다면 심각한 문제가 발생할 수도 있다.

이런 맥락에서 2008년 글로벌 금융 위기 이후, 소비자들은 갈수록 빈번해지는 여러 위기로부터 수익률을 지킬 수 있도록 요구하기 시작했다. 즉, 자산 배분 전략을 통해서 총자산은 안정적으로 운영되기를 바란 것이다. 그리고 이런 고객의 니즈를 받아들인 운용사들은 펀드 판매를 통해 비약적으로 성장할 수 있었다.

흔히 자산 배분이라고 하면 어렵게 받아들이는 경우가 있다. 그런데 짚신 장수와 나막신 장수 이야기를 떠올리면 이해하기 쉬울 것이다. 맑은 날에는 짚신 장사를 하고, 비 오는 날에는 나막신 장사를 하면 맑은 날이든 비 오는 날이든 신발을 꾸준히는 팔 수 있다는 의미다. 반대로 나막신 장사만 한다면 맑은 날에 곤궁해질 수 있고, 짚신 장사만 한다면 비가 올 때 망할 수도 있다.

짚신 장수와 나막신 장수의 예가 알려주는 것

이를 현대식 투자에 응용하면, 주식과 채권을 짚신과 나막신에 비유할 수 있다. 보통 주식이 오를 때 채권 가격은 하락하고, 주식이 내릴 때 채권 가격은 상승한다. 그렇기 때문에 이 둘만 잘 갖고 있어도 전반적인 자산 관리가 가능하다. 주식이든 채권이든 경제가 성장하면 완만하게 우상향하기 때문에 서로 상승과 하락을 반복해도, 최종적으로는 총자산 가치가 점차 증가한다는 믿음에서 사용할 수 있는 전략이다.

그렇다면 주식과 채권의 비중을 얼마로 가지고 가야 할까. 어쩌면 이것이 더 근본적인 질문이다. 일반적으로는 주식과 채권을 50:50의 비중으로 갖고 가야 한다고 생각할 것이다. 이는 자산 배분 측면에서 좋은 선택지다.

그러나 자산 관리 전략에서 각광받는 전략은 바로 자산 배분이 아닌, 리스크를 균등하게 배분하는 리스크 패리티Parity, 동등 전략이다. 리스크를 균등하게 맞추라는 말은 무슨 의미일까.

변동성이 높아서 가격의 고점과 저점의 차이가 큰 위험 자산인 주식과 변동성이 낮아서 가격의 고점과 저점의 차이가 적은 안전 자산인 채권을 50:50으로 나눠서 투자한다면 총자산의 변동성은 주식의 영향을 좀 더 많이 받는다.

코로나의 영향으로 주식이 최대 40% 하락하고, 채권은 10% 상승하는 경우를 가정해보자. 이 상황에서 전체 자산 100을 주식과 채권 50:50으로 배분한 상태라면, (주식이 40% 하락했기 때문에) 주식 자산은 50에서 30이 되고, (채권은 10% 상승했기 때문에) 채권 자산이 50에서 55가 되어 총자산 합계는 85가 된다. 50:50으로 배분하는 경우, 총자산이 100에서 85로 낮아지는 것이다. 이처럼 리스크가 다른 자산을 동등하게 배분하면 총자산은 리스크가 큰 자산에 심각하게 휘둘리는 경향이 있다.

그렇다면 주식의 리스크가 40이고 채권의 리스크가 10이라고

할 때, 총자산 합계를 유지하기 위해서는 어떻게 배분해야 할까. 주식과 채권을 20:80으로 투자하면 된다. 위의 상황과 같이, 주식이 40% 하락하면 주식 자산은 20에서 12가 된다. 반면 채권 자산은 80에서 10%가 상승하여 88이 된다. 그러면 합산 합계는 100으로 유지된다.

이때 자산 배분 관점에서는 채권 쪽에 더 많이 배분됐지만, 리스크 배분 관점에서는 두 자산에 리스크가 동등하게 배분됐다고 볼 수 있다. 이를 리스크 패리티 전략이라고 하고, 현재 많은 자산 운용사가 이런 전략으로 고객의 자산을 관리하고 있다.

2018년 7월 〈변형된 리스크 패리티 전략을 통한 자산 배분〉이라는 보고서•에서는 리스크 패리티 전략을 소개했다. 여기서는 코스피, S&P500, 글로벌 국채, 미국 회사채(크레딧) 이렇게 네 개의 투자 대상군으로 구성된 포트폴리오를 통해 리스크 패리티 전략이 운용되고 있음을 보여준다. 내용은 다음과 같다.

이 보고서에 따르면, 코스피에 5.1%, S&P 500에는 10.0%, 글로벌 국채에 38.4%, 미국 크레딧에 46.6% 비중으로 투자하면 각 상품에 25%씩 리스크 분배가 되는 리스크 패리티 상태가 된다. 이를 최대한 간단히 모방하고 싶다면, 코스피 ETF, S&P ETF, 글로벌 국채 ETF, 미국 크레딧 ETF를 자산 비중에 맞게 사면 될 것이다.

● 하나금융투자 김훈길 애널리스트

	코스피	S&P500	글로벌 국채	미국 회사채
코스피	6.32	3.20	0.83	0.69
S&P500	3.20	7.73	0.46	0.54
글로벌 국채	0.83	0.46	1.48	0.90
미국 회사채	0.69	0.54	0.90	1.10

▲ 국내외 주식, 국채, 크레딧 자산 간 공분산 비교(출처: 하나금융투자)

— 글로벌 국채는 JPM GBI Aggregate, 미국 회사채는 Bloomberg Barclays UD Corp TR
— 대상 기간은 60개월 월간 수익률(2013년 7월~2018년 6월)

	코스피	S&P500	글로벌 국채	미국 회사채
비중	5.1%	10.0%	38.4%	46.6%
리스크량	0.016	0.016	0.016	0.016
리스크 비중	25.0%	25.0%	25.0%	25.0%

▲ 리스크 패리티 모델을 통한 자산별 비중 배분 결과(출처: 하나금융투자)

리스크 패리티 모형에 따르면 자산을 네 개 그룹으로 배분하는 경우 리스크를 25%씩 배분하고, 두 개의 자산군으로 배분하는 경우에는 리스크를 50%를 배분해야 한다. 그런데 채권은 리스크가 상당히 낮기 때문에 전체 자산 측면에서 채권에 상당히 높은 리스크를 배분해야 한다. 반대로 주식은 변동성이 크고 리스크가 높으므로 그 비중이 상당히 낮아지게 된다.

성장주 투자를 한다면 반드시 채권에 투자하라

글로벌 자산 운용사 중 이 전략을 가장 적극적으로 구사하는 펀드가 바로 브리지워터 펀드다.

브리지워터는 레이 달리오가 만든 헤지펀드 이름으로, 그는 조 단위 연봉을 받는 사람 중 하나다. 레이 달리오는 리스크 패리티 전략 관점에서 자산을 운용한다. 이는 전체 시장을 성장과 인플레, 상승과 하락이라는 네 개의 기준으로 나누어, 각 세그먼트에 부합하는 자산군을 특정하고, 그 자산군에 균등하게 리스크를 배분하여 운용하는 것이다.

즉, 전 세계에 존재하는 상품군을 총 네 개의 세그먼트로 분류하고, 그 상품군별 리스크를 측정해서 결과적으로는 네 개의 세그먼트에 각 25%의 리스크, 총 100%의 리스크가 분배되도록 하는 것이다. 일반적으로 주식, 채권만으로 구성된 두 개 자산 전략이 아닌 네 개의 자산 전략을 세웠다는 측면에서 이 포트폴리오의 경쟁력이 드러난다. 그는 이 포트폴리오를 '올웨더All weather 포트폴리오'라고 부른다.

우리나라도 올웨더 포트폴리오를 추종하는 흐름이 점차 나오고 있다. 봄, 여름, 가을, 겨울 돈을 잃지 않고 사계절 내내 우상향하는 자산군에 포트폴리오를 구축한다면, 사실 그다음에는 별로 할게 없을 것이다. 어쩌면 투자자들이야말로 이런 편리한 자산 배분 전략을 원했기 때문이다.

투자를 하다 보면 어떤 일이 생길지 모르고, 우산을 쓰거나 두꺼운 옷을 준비해야 하는 순간이 분명 온다. 성장주 투자와 함께 반드시 챙겨야 하는 것은 최소 두 시즌의 한 축인 채권에 대한 투자다. 잃지 않다 보면 종국에는 큰 자산을 구축할 수 있다. 반대로 잃기 시작하면 큰 자산을 이루기는 어렵다.

시장의 공포와 탐욕을 대하는 방법

코로나19. 아마 2020년 사람들의 입에서 가장 많이 오르내린 단어 중 하나일 것이다. 코로나19는 세계적으로 감염병이 대유행하는 상태인 '팬데믹'의 의미를 가장 잘 입증한 바이러스이자 일상생활이 사라질지 모른다는 공포감을 심어준 바이러스이기도 하다.

미국이 본격적인 코로나 영향권에 시달리는 3월이 되자, 글로벌 금융 시장은 일제히 얼어붙었다. 이때는 사실상 모든 자산 가격이 하락하기 시작했다. 주식 시장과 채권 시장이 붕괴하고, 원자재를 포함한 자산군 전체가 하락했다. 거의 오직 현금만이 중요하다는 인식에, 모든 자산을 팔아서 현금을 마련하자는 공포감도 생배했다.

CNN Money 사이트에서는 공포·탐욕 지수를 제공하는데

money.cnn.com/data/fear-and-greed '0'은 극도의 공포, '100'은 극도의 탐욕으로 시장을 표현한다. 이 지수는 일곱 개의 기초 정보를 토대로 만들어졌는데, 코로나19가 정점이던 시기에 이 지수는 1로, 이는 역사상 최저점이었다. 즉, 극도의 공포 상태였다는 의미다.

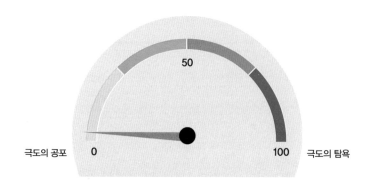

▲ 코로나19가 정점이던 시기의 공포·탐욕 지수

이 정도 공포 수준이 되자 세상이 변하기 시작했는데, 먼저 대부분 국가에서 경제를 일시 멈추게 하는 락다운을 시행했다. 일상적인 근무 역시 불가능했기 때문에 재택근무도 요구됐다. 그야말로 패러다임이 변하는 순간이었다. 호흡기나 접촉을 통해 코로나에 감염될 수 있다는 우려로 인해 접촉하지 않는 즉, 언택트의 시대가 갑자기 열리면서 모든 자산 시장이 동시다발적인 충격을 받은 것이다.

수많은 중소기업이 문을 닫고, 고용됐다가 해고되고, 실물 부동산이 텅텅 비고, 회사가 아닌 집에서 일하고, 아이들이 학교를 가지 않고, 도시가 사실상 기능하지 않는 가운데 새로운 시대의 투자 아이디어가 발휘되기 시작한다. 코로나19로 인한 '언택트 수혜 산업'이라는 아이디어였다. 달라진 아이디어는 시장에 활기를 주기 시작했다. 공포 지수가 1에서 점차 올라오기 시작한 것이다.

재택근무 때문에 집에서 가족과 시간을 보내야 하는 상황이 증가하자 식음료 구입 비용이 증가하고, 아이들과 함께 시간을 보내면서 장난감 등을 사는 비용이 증가하면서 장난감 가격과 생필품 가격이 치솟았다. 유튜브나 넷플릭스와 같은 스트리밍 서비스에 대한 수요가 폭증했고, 해외여행을 못 가고 집에만 있게 되자 가전·가구 제품 혹은 자동차를 교체하는 수요가 급격히 늘었다. 그리고 근본적으로 코로나19 치료제와 백신에 대한 요구치가 사상 최대로 치솟기 시작했다. 이런 새로운 트렌드에 부합하는 산업들은 기술주뿐 아니라 전통 산업 중에서도 있었고, 불과 1년 전만 해도 저성장 산업이었다가 갑자기 신성장 산업이 된 분야도 있다.

코로나19로 인한 락다운을 극복하기 위해서, 각국은 GDP의 10~15% 수준의 부양 정책을 추진했고, 미국의 경우 연준이 최단 기간에 4조 달러 이상을 사용할 정도로 유동성 공급을 무차별적으로 진행했다.

코로나19 바이러스로 인해 전 세계에 80만 명 이상의 사망자가 나왔지만 아직까지도 치료제는 개발되지 않았다. 미국의 닥터 파우치가 의회 청문회에서 연내 백신이 개발될 수 있다는 말을 하는 등 백신이나 치료제 개발에 긍정적인 발언이 나오고 있는 것은 사실이지만, 중요한 점은 아직은 치료제가 없다는 점이고, 백신은 더더욱 없다는 점이다.

중요한 것은 공포 지수가 위의 사례처럼 1수준으로 극단을 바라볼 때가 시장 지수 측면에서 진바닥에 가까울 수 있다. 더 나빠질 것이 없기 때문이다. 반대로 탐욕 지수가 극단을 바라볼 때는 더 좋아질 것이 없기 때문에 어쩌면 시장이 조정받을 수 있는 시점일 수 있다.

항상 맞는 것은 아니지만, 시장의 색깔과 함께 시장의 탐욕 정도를 판단할 때 이 지표는 상당한 도움을 준다. 지금 과열 중인 장세에 올라탈 것인지 기다려볼 것인지를 판단할 때 참고하면 좋을 듯하다. 특히 ETF처럼 지수에 투자하고자 한다면 이런 지표를 더더욱 중요하게 볼 필요가 있다.

멀티플은
답을 알고 있다

책을 여기까지 읽은 독자라면 이쯤에서 스스로 고성장하는 기업을 찾을 수 있을지 의문이 들 것이라 여겨진다.

모든 투자자는 성장주를 알아보기 원한다. 그런데 성장주는 성장주인데, 모든 성장이 끝난 종말 단계에 투자한다면 그것은 성장주 투자가 아니다. 성장이 종료된 기업에 남은 것은 멀티플 하락이나 시장과 동등한 수준으로 움직이는 정도뿐이다. 성장주 투자란 성장 과정에 투자하는 것이다. 그렇다면 고도로 성장하는 기업을 찾아내는 방법은 무엇일까. 이 책에서 끊임없이 강조했던 멀티플에 그 비밀이 있다.

사실 멀티플은 너무나 많은 것을 이야기한다. 어쩌면 멀티플에 기업에 대한 모든 것이 녹아 있다고 해도 과언은 아닐 것이다.

멀티플이 그 기업에 대한 시장의 가치 평가 결과이기 때문이다.

성장주를 알아보는 법

먼저 성장주는 전반적으로 이런 특징을 보인다. 없던 키팩터가 발생하거나 존재했던 키팩터에 긍정적인 변화가 발생하기 시작한다. 반도체라면 반도체 가격이 상승하고, 화학 업종이라면 제품 가격이 상승하고, 제약·바이오 업종이라면 임상 결과가 양호하게 발표된다. 플랫폼 기업이라면 가입자가 증가하고, 자율주행 기업이라면 자율주행 단계가 일정 마일스톤을 달성한다. 혹은 누구도 예상하지 못한 상태에서 매출이 튀는 등의 일이 발생한다. 영업상의 변화는 본질적인 변화를 의미하기 때문에, 이런 변화는 미래 가치가 변화하고 있다는 시그널이다.

이런 변화가 발생하면 자연스럽게 시장의 가치 평가가 긍정적으로 개선되면서, 이익이 아닌 멀티플이 먼저 반응한다. 이익은 어차피 1년에 4회만 발표되므로, 그 기업이 미래에 수익을 내고 성장해간다는 생각과 판단은 멀티플에 녹아든다.

그렇기 때문에 성장주 투자의 1단계는 멀티플이 높아지기 시작하는 기업을 찾아내는 것이다. 단순히 주가만 오르는 것이 아닌 멀티플 상승을 동반하는 기업이 보일 것이다. 이 시점이 바로 성장주 투자의 시작이자 분기점이다. 따라서 단순히 시세만 나온 주가

차트가 아닌 반드시 PER 차트나 PBR 차트를 확인해야 한다.

성장주 투자의 1단계

　　멀티플은 30~40배 수준을 넘어 100~200배까지도 높아질 수 있다. 그 이유는 3개월마다 발표하는 이익은 키팩터의 변화와 그로 인한 기업 가치의 변화가 발생하는 속도를 제때 반영하지 못할 수 있기 때문이다. 예를 들어, 기업 가치가 두 배 이상 증가할 만한 거대한 기폭제가 등장했는데 분기 이익은 20% 정도만 증가하는 식이다. 그래서 성장주 1단계에 있는 기업의 주가는 전형적으로 밴드차트를 우상향으로 가로지르면서 상승한다. 2014년의 블리자드, 2015년의 한미약품, 2015년의 한샘, 2015년의 LG생활건강, 2017년의 셀트리온, 2017년의 JYP 엔터테인먼트, 2019년의 엔씨소프트, 2020년의 테슬라와 아마존, 마이크로소프트 등 어떤 기업을 보더라도 그 기업이 고도 성장을 시작한 시기에는 반드시 주가가 밴드차트를 완전히 관통하면서 오르는 흐름이 나타난다.

　　과거의 성장주 밴드차트를 통해 이를 확인해보자.

　　JYP 엔터테인먼트의 PER 차트를 보면, 2017년부터 밴드차트에 변화가 나타났음을 확인할 수 있다. 이후 2년간 8배 상승했는데, 반대로 2018년 말부터 멀티플이 하락하고 있다는 것도 확인할 수 있다.

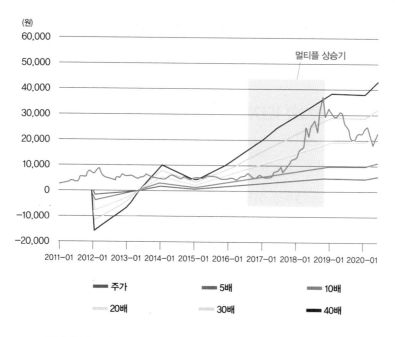

2013년과 2019년 하반기에 멀티플에 큰 변화가 있었다. PBR 차트를 보는 이유는, 적자 기업은 이익이 마이너스 즉, 음수이기 때문에 PER 차트로는 제대로 확인할 수 없기 때문이다. 주가는 E×M(주당 순이익×멀티플)인데, 이익이 적자일 때 멀티플을 곱하면 주가가 마이너스로 나와서 맞지 않는다. 이런 경우에는 보조적으로 B×M(주당 순자본×멀티플)을 확인해야 하는데 이때 보는 밴드차트가 PBR 차트다. 그러므로 멀티플을 확인하기 위해서는 두 차트를 함께 보면서 이해해야 한다.

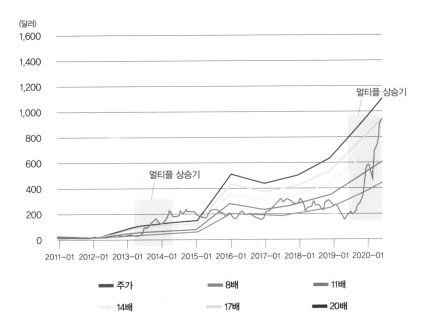

(달러)

멀티플 상승기

멀티플 상승기

| 주가 | 8배 | 11배 |
| 14배 | 17배 | 20배 |

▲ 테슬라의 PBR 차트

테슬라의 경우, 2013년에는 모델S의 판매와 함께 밴드차트 상단을 아예 뚫었고, 2020년에도 다시 뚫을 기세다.

엔씨소프트의 경우, 2017년부터 밴드차트에 변화가 나타남을 확인할 수 있다.

엔씨소프트는 기업 가치 평가가 달라지기 시작한 시점을, PER 차트보다 PBR 차트가 더욱 잘 보여주는 기업 중 하나다. 2011년부터 2012년에는 기업 가치의 하락(멀티플 붕괴)이 나타나고 있음을 확인할 수 있고, 이후 큰 가치 변화가 없는 상태로 장기

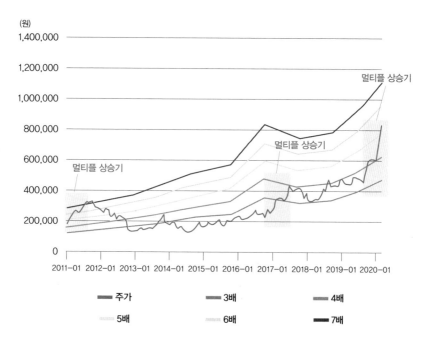

（원）

1,400,000

1,200,000

멀티플 상승기

1,000,000

800,000

멀티플 상승기

600,000

멀티플 상승기

400,000

200,000

0

2011-01 2012-01 2013-01 2014-01 2015-01 2016-01 2017-01 2018-01 2019-01 2020-01

▬▬ 주가　　　　▬▬ 3배　　　　▬▬ 4배

▬▬ 5배　　　　▬▬ 6배　　　　▬▬ 7배

▲ 엔씨소프트의 PBR 차트

간(2013~2017년) 움직였으며, 2017년 하반기(〈리니지M〉으로 플
랫폼 확장에 성공한 시점)에 가치 평가의 기준이 달라지기 시작했고,
2020년에 〈리니지2M〉 출시와 언택트 종목이라는 시장의 평가 때
문에 기업에 대한 가치 평가가 높아졌다.

　　삼성전자 역시 반도체 가격이 상승하면서 이익 개선이 기대
되던 시점에 멀티플이 차트를 가로지르며 상승했다. 2016년부터
2018년까지가 멀티플이 차트를 가로지르며 상승하던 시기로, 결
국 현재도 부침을 경험하고 있으나 멀티플은 높은 상태로 유지되

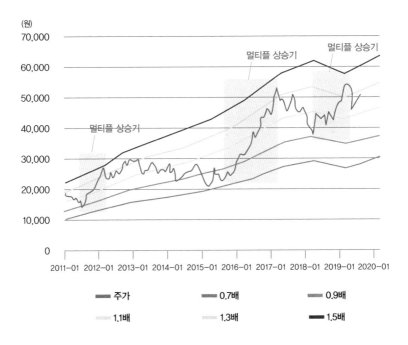

▲ 삼성전자의 PBR 차트

고 있음을 확인할 수 있다.

성장주 투자의 2단계

성장주 투자의 2단계는 상승하기 시작한 멀티플이 언제까지 유지될 수 있는지를 판단하는 단계로, 어쩌면 성장주 투자에서 가장 중요한 수익률이 결정되는 단계다. 2단계의 핵심은, 멀티플의 특정 값에 함몰되기보다 기업 가치가 얼마나 높아질 수 있는지 자신만의 성장 경로를 그리면서 이익과 멀티플 규모를 고려한 시가총액 규모를 계산해보는 것이다.

주가가 멀티플에 의해 상승한다면 이후에는 이 기업이 미래에 얼마큼의 이익을 벌어들일 수 있고, 그렇게 되었을 때 기업 가치가 얼마까지 갈 수 있을지 생각해야 한다.

물론 이때 터무니없는 숫자를 대입해서는 안 된다. 예를 들어 100년 후의 모습을 가정하고 평가하겠다는 식은 절대로 안 되며, 기간이 짧을수록 좋지만 길어도 수년(최대 5년) 이내를 가정해야 한다. 이를 매 분기 계속 반복하다 보면 성장주 투자를 10년 이상도 끌고 갈 수 있다. 이는 단순히 주식을 사서 10년 동안 보유한 것이 아니라, 실적 시즌을 계속 거치면서 미래의 가치를 업데이트해 나간 투자이므로 이전의 투자와는 완전히 다를 것이다.

성장주 투자의 3단계

3단계는 성장주 투자의 종료 단계다. 성장 기업이 최종 성장 단계에 진입하면 해당 투자를 종료할 줄 알아야 한다. 성장주 투자의 정점은, 기업 매출 증가율이 둔화되기 시작하면서 이익을 크게 벌어들이는 단계다. 즉, 멀티플은 점점 작아지고, 이익은 유지 혹은 증가하면서 주가에 큰 변화가 없는 상태를 말한다.

기업 성장이 종점에 이르고 있다면, 자신의 투자 성향에 맞는 정리가 필요하다. 이 과정에서 주가는 여러 가지 방향으로 나타날 것이다. 예를 들어 성장의 정점이 다다른 국면에서는 멀티플이 천천히 내려오거나 약간 유지되고, 이익은 증가하면서 주가도 여전히 상승할 수 있다. 그 반대의 상황도 가능할 것이다. 중요한 것은 멀티플에 큰 변화가 없고 낮아지기 시작하면 이제 성장주를 넘어 대기업 우량주가 돼 있는 것이다.

도박이 아닌 투자를 하라

초기 성장주를 찾았을 때, 그 기업에 큰 자산을 투자하기는 어려울 것이다. 아니, 그래서는 안 된다. 그것은 투자가 아닌 도박일 가능성이 높다. 그러나 그렇게 발굴한 기업 중 지금까지 설명한 성장주의 특징을 나타내는 기업이라면 투자 자금을 점차 늘려나가면서 큰 수익을 얻게 될 수도 있다.

중요한 점은 성장이 멈췄다고 생각되면 이익은 증가해도 멀티플의 하락으로 주가 역시 정체기나 하락기를 경험할 수 있다는 점이다. 그래서 멀티플이 높아지는 기업의 각 분기 실적 시즌, 키팩터 변화, 성장 경로를 확인하면서 추가로 매수할지, 유지할지, 매도할지 판단하는 것이 훌륭한 투자자의 자세다.

한편 기업의 성장이 계속되고 높은 이익이 나기 시작할 때는 자연스럽게 해당 산업의 경쟁자 등장으로 이익이 다시 감소할 수 있다. 지금 경쟁자가 없어도 미래에는 생길 수 있고, 이는 해당 기업의 종말 단계 가치를 심각하게 훼손할 수도 있다. 많은 산업의 경우, 후속 경쟁자들의 등장으로 인해 공급 과잉되는 경우가 많았고, 서비스 산업이라고 해도 추가 공급자들이 서비스를 카피하여 제공하거나, 기업 인수 합병을 통해 타 산업이나 타 기업에서 성장 기업의 비즈니스 모델(BM, 보통 기업이 수익을 내는 핵심 사업 방식)을 건드릴 수도 있다.

한편 성숙 단계에 들어오면 자연스럽게 경쟁 기업의 움직임도 중요한 키팩터가 될 수 있다. 산업 내 경쟁 강도, 과도한 이익에 대한 규제 등이 기업의 성장을 방해할 수 있는 것이다.

나는 2011년 5월에 동부증권의 김항기 팀장의 〈헤게모니에 투자하라〉라는 리포트를 읽은 적이 있다. 여기서는 주식 시장의 구루들이 투자할 때 산업 내의 헤게모니를 확인하고, 그런 헤게모니를 주도하는 종목을 주도주라고 부른다고 알려준다. 그리고 수요가 폭증하는 상황에서 주도주가 탄생하는데 이를 확인할 수 있는 투자 방법론을 제시했다.

투자의 원리는 비교적 단순하다. 헤게모니의 4국면이 있고, 1국면은 수요 회복으로 인해 매출액이 발생하여 턴어라운드 초기 국면이 확인되는 순간이다. 이때는 매출 성장이 유지될 수 있는지 혹은 향후 수익성이 개선될 수 있는지를 판단하는 것이 중요하다.

2국면은 헤게모니를 장악하기 시작하여 초과 이익이 발생하는 구간으로, 영업 레버리지 효과(매출이 증가하면서 영업 이익률이 개선되는 것)가 나타난다고 했다. 중요한 것은 '언제까지 헤게모니를 주도할 수 있을지'에 대한 판단이라는 것이다.

3국면은 새로운 경쟁자가 등장해 산업의 헤게모니가 다른 곳으로 이동하지만, 기업의 헤게모니는 유지되는 상황이다. 헤게모니를 얻은 강력한 힘은 줄어들었지만 유지할 수는 있어, 투입은 적고 회수는 커서 오히려 이익은 최대치로 증가하는 구간이다. 이 구간이 지나면서부터는 이익이 감소한다.

4국면은 산업에 대한 투자자들의 관심이 멀어지고, 산업 전체 이익이 감소하는 시점이다. 기업의 매출액과 영업이익 감소세가

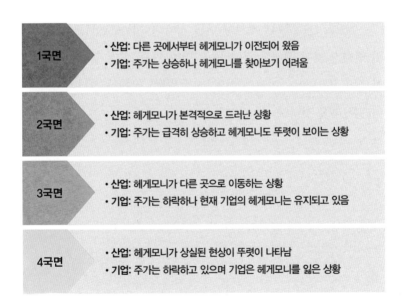

1국면	• 산업: 다른 곳에서부터 헤게모니가 이전되어 왔음 • 기업: 주가는 상승하나 헤게모니를 찾아보기 어려움
2국면	• 산업: 헤게모니가 본격적으로 드러난 상황 • 기업: 주가는 급격히 상승하고 헤게모니도 뚜렷이 보이는 상황
3국면	• 산업: 헤게모니가 다른 곳으로 이동하는 상황 • 기업: 주가는 하락하나 현재 기업의 헤게모니는 유지되고 있음
4국면	• 산업: 헤게모니가 상실된 현상이 뚜렷이 나타남 • 기업: 주가는 하락하고 있으며 기업은 헤게모니를 잃은 상황

▲ 헤게모니의 4국면(출처: 동부 리서치)

뚜렷하게 나타난다.

이처럼 헤게모니 4국면 투자는 성장주로 대표되는, 멀티플이 변하는 기업에 투자할 때 참고할 만한 좋은 방식이다.

만약 인생에 성장주 투자를 몇 번, 아니 단 한 번만이라도 제대로 한다면 자산 규모를 엄청나게 늘릴 수 있을 것이다. 그렇기 때문에 내 주변에서 일어나는 크고 작은 변화에 늘 관심을 기울이고, 이러한 변화들이 투자와 어떻게 연결되는지 관심을 가져야 한다. 아주 작은 트렌드 변화일지라도 어느 순간, 사회나 국가 전반에 거대한 영향을 미치는 매크로 트렌드가 될 수 있고, 더 나아가 패러다임을 전환시키면서 일생일대의 투자 기회가 될 수도 있기 때문이다.

앞으로 세상은 더 빠르게 변할 것이다. 이는 그만큼 거대한 투자 기회가 많이 존재할 것이라는 의미이기도 하다. 주위의 작은 변화 그리고 변화를 이끄는 기업, 그 기업의 키팩터 하나가 당신의 미래를 바꿀 것이다.

초보 투자자에서
주식 고수가 되기 위한
심화 강의

가치 평가의 거장, 다모다란 교수의 테슬라 밸류에이션 논쟁

앞에서 몇 번 언급했던, 어스워스 다모다란 뉴욕대학교 경영 대학원 교수는 '밸류에이션 구루' 혹은 '닥터 밸류에이션'으로 불리는 가치 평가의 세계적인 석학이다. 그를 수식하는 용어는 너무나 많지만 밸류에이션이라는 단어만은 절대 빠지지 않는다.

그런 그가 2020년 1월 30일, 테슬라 주식을 1주당 640달러의 가격에 전량 매도한다. 그리고 3일 후, 테슬라 주가는 주당 900달러를 넘는다. 그러자 그의 블로그 aswathdamodaran.blogspot.com에 밸류에이션에 대한 의구심이 담긴 수많은 댓글이 달리면서, 과연 그가 적정한 밸류에이션을 했는지에 대한 갑론을박이 벌어진다.

논란이 일자 다모다란 교수는 테슬라 밸류에이션 테이블을 공개했는데, 그것은 여러 장의 시트로 구성된 엑셀 파일이었다. 전문

가만이 접근할 수 있는 어렵고 복잡한 툴이 아닌, 누구라도 직접 테슬라 밸류에이션을 평가해볼 수 있는 쉽고 간단한 파일을 공개한 것이다.

'테슬라 DIY 밸류에이션'이라고 불리는 이 엑셀 파일은, 마스터 시트의 노란 칸 수치를 자동으로 고르거나 수동으로 입력하면 테슬라의 목표 주가가 도출되는 프로그램이다. 나도 그 파일을 다운로드 받아 직접 밸류에이션 해봤는데 목표 주가가 얼마가 나왔는지는 여기서 언급하지 않겠다. 독자들도 직접 해볼 수 있기 때문이다.

THE YELLOW CELLS ARE YOUR ONLY REQUIRED INPUTS. ALL THE OTHER NUMBERS WILL BE CALCULATED.

Your inputs	
Growth Lever	
How much will Tesla have in revenues in 2030?	A5: $300 billion (Toyota & VW-like)
If direct input, enter your revenue growth rate	100.00%
With that inputted growth rate, your revenues in 2030 ($ million)	$ 284,249.87
Profitability Lever	
What operating margin will Tesla have in 2025 (and beyond)?	B7: Direct Input
If direct input, enter your expected operating margin	18.00%
With your operating margin, Tesla's operating profits in 2030 ($ million)	$ 51,164.98
Investment Efficiency Lever	
How many dollars of revenues will Tesla generate per $ of investment?	C7: Direct Input
If direct input, enter your sales to invested capital ratio	2.00
With your investment input, Tesla's return on capital in 2030	20.58%
Risk Levers	
What cost of capital do you want to give Tesla initially?	D1: Automobile Median
If direct input, enter the cost of capital	7.00%
What is the probability of failure	E2: 10% (Marginal profitability, High Debt)
Your key inputs wrere	
Expected Revenue Growth rate for next 5 years =	40.00%
Expected Pre-tax Operating Margin in year 5 =	18.00%
Sales to Invested Capital for first 5 years =	2.00
Cost of capital to start =	6.94%
And with these inptus, your value is	
Tesla's value of equity today =	$ 276,016.88
Tesla's value per share today =	$ 1,509.57

▲ **테슬라 DIY 밸류에이션** A Do-it-Yourself Valuation of Tesla

다모다란의 밸류에이션 시트는 단 네 개의 레버로 움직이는 일종의 기계 장치처럼 생겼다.

첫 번째 레버는 '성장 레버The Growth Lever'다. 성장 레버는 과연 이 기업의 매출액이 어느 수준까지 증가할 수 있는지 가정하는 것이다. 즉, 성장의 종점을 의미한다. 이 파일에 따라 테슬라가 현재 300억 달러 수준의 매출 규모의 도요타나 폭스바겐 수준만큼 성장한다고 가정하면, 매출은 연평균 40% 수준으로 5년 연속 증가할 것으로 본다. 그런데 반대로 BMW 수준 정도로 성장한다고 가정하면 연평균 성장률 21% 수준으로 보는 식이다. 즉, 베스트 시나리오를 생각하면 도요타 수준, 심지어 그 이상의 성장률까지 예측한다면 직접 입력할 수 있도록 만들어놨다. 성장 레버를 움직여 자신이 생각하는 테슬라의 미래를 입력하면 된다.

두 번째 레버는 '수익성 레버The Profitability Lever'다. 수익성은 과연 테슬라가 자동차 기업으로서 얼마만큼의 이익을 벌어들일지 결정하는 것이다. 여기서도 자동차 산업 평균인지(3.01%), 기술주 수준인지(10.25%) 혹은 FAANG 수준인지(19.87%) 등을 결정하게 돼 있다. 이런 이익률 중에서 직접 고르면 된다.

세 번째 레버는 '투자 효율성The Investment Efficiency Lever' 레버다. 기업이 성장하기 위해서는 유형 자산이든 인력이든 계속해서 확보해야 하고, 이 과정에서 자본이 투입된다. 따라서 성장을 위한 필수적인 자본 투자의 규모를 예상하기 위해서는, 단위 투자당 얼마만큼의 매출이 창출되는지 예상해야 한다. 가령 1조 원을 투자했는데 매출은 평균 2조 원이 증가한다면, 투자 효율은 '2'가 되고, 1조 원을 투자했는데 매출이 1조 원만 증가하면 투자 효율은 '1'이 된다. 이 역시 다모다란 교수는 자동차 업계 중 1/4분위 그룹인 '0.75배'부터 3분위 그룹인 '2.42배' 중에서 선택할 수 있도록 했다. 혹은 테슬라가 FAANG 수준의 기술 기업이라고 판단한다면 '1.27배'를 고를 수 있도록 선택지를 두었다.

마지막 레버는 '리스크 레버The Risk lever'다. 이는 할인율이라는 의미로 받아들여도 무방하다. 10년 후 미래 가치가 100조 원인 기업이 있다면, 그 기업의 현재 가치는 얼마일까. 만약 일반 채권의 할인율을 계산한다면 금리를 사용하겠지만, 기업의 할인율을 계산하기 위해서는 자본 비용을 사용한다. 다모다란 교수는 테슬라의 경우 자본 구성에 따라 할인율이 변한다는 것을 설명했고, 그 범위도 제시했다.

누구나 기업의 가치를 평가할 수 있다

다모다란은 그 명성답게 그가 밸류에이션 한 결괏값만이 아닌 과정을 알려주면서, 성장주 투자를 바라보는 투자자의 기술을 소개했다. 그의 밸류에이션 시트를 사용하여 각자 해당 기업에 대해 밸류에이션 한다면 아마 각자의 상상력에 따라 각기 다른 목표 주가가 나올 것이다. 다모다란 교수 역시 다양한 경우의 밸류에이션 결과를 보여주면서, 각 스토리에 따른 목표 주가를 보여주고 있다.

스토리	매출액	영업 이익률	재투자 효율성	리스크	주당 가치	밸류에이션 값
대형 자동차 업체	BMW 100억 달러	75% 자동차 회사들과 동일	75% 자동차 회사들과 동일	자동차 기업 중앙값	105.79달러	275.47억 달러
	다임러 200억 달러				227.42달러	490.76억 달러
	폭스바겐·도요타 300억 달러				332.82달러	677.31억 달러
자동차 + 테크 기업	BMW 100억 달러	테크 기업 중앙값	테크 기업 중앙값	테크 기업 중앙값	110.96달러	284.61억 달러
	다임러 200억 달러				211.84달러	463.17억 달러
	폭스바겐·도요타 300억 달러				297.86달러	615.44억 달러
자동차계의 FAANG	BMW 100억 달러	FAANG 기업 평균	FAANG 기업 평균	테크 기업 중앙값	458.37달러	899.53억 달러
	다임러 200억 달러				854.64달러	1,600.94억 달러
	폭스바겐·도요타 300억 달러				1,204.62달러	2,220.4억 달러

▲ 네러티브에 기반한 각각의 테슬라 밸류에이션

그의 밸류에이션 시트는 여러 네러티브를 기반으로 테슬라의 가치를 규정한다. 만약 테슬라가 대형 자동차 업계 수준에서 머문다면 주가는 105~332달러 사이일 것이고, 일반 자동차+테크 기업 수준이 된다면 110~297달러 수준일 것이라고 보았다. 자동차계의 FAANG이 된다면 주가는 458~1,204달러 수준이 될 것으로 예측하고 있다. 그의 시트를 통해 나온 결과다.

그는 PER, PBR이 아닌 상상력을 현실화하여 밸류에이션 했다. 이처럼 많은 개인 투자자 역시 이런 방식의 밸류에이션에 친숙해질 필요가 있다. 즉, 성장의 최대치를 상상하고(성장 레버), 수익성의 최대치도 상상하며(수익성 레버), 그 성장을 위해 투자가 반드시 필요하기 때문에 투자당 매출 성장이 얼마나 나올지를 추정함으로써 최대 매출에 도달하는 데 필요한 투자 총량도 추정하고(투자 효율성 레버), 마지막으로 그렇게 전 생애 주기 동안 벌어들인 잉여 현금 흐름의 합을 현재 가치로 할인하기 위한 할인율(자본 조달 비용)을 가정해보면서 각자 기업의 가치를 평가해볼 수 있을 것이다.

투자자의 삶을 사는 데
도움이 되는 책이 되길 바라며

지금 급성장하고 있는 기업들을 과거의 잣대로 설명하기란 쉽지 않다. 그래서 유형 자산도 없고, 펀더멘탈의 기준도 달라진 투자 환경에서 어떤 기준을 가지고 투자자의 삶을 살아야 할지 이 책을 통해 이야기하고 싶었다.

이 책이 쓰이는 데 너무나 많은 분이 도움을 주었다. 사실상 금융 시장의 모든 펀드 매니저와 애널리스트들이 내 은인이지만, 특별한 감사를 전하고 싶은 이들에게 마음을 전한다.

하나금융투자의 조용준 센터장은 내 애널리스트 커리어 후반부를 만들어준 은인이다. 옛 LIG투자증권의 안수웅 센터장은 나를 금융 시장으로 이끌어준 은인이다. 두 센터장이 없었다면 지금의 나도 없었을 것이다. 처음 애널리스트 생활을 시작할 때 큰 도움을 준 김선미 애널리스트에도 감사의 마음을 전한다. 케이원투자자문의 박영도는 나를 여의도로 데리고 온 친구라 특별히 고맙다. 구 LIG투자증권과 하나금융투자의 전 리서처들에게도 지면을 빌어 감사를 전한다. 삼성증권의 이경자, 하나금융투자의 박종대는 감히 업계를 대표하는 간판 애널리스트라고 판단하고 있기에 그 둘에게는 특히 존경의 마음을 전해본다.

책을 만들면서 도움을 준 지인들도 많다. 제약·바이오 산업 분야는 하나금융투자의 선민정, 반도체 산업 분야는 신한금융투자의 최도연, 엔터테인먼트 산업 분야는 하나금융투자의 이기훈, 자산 배분에 대해서는 하나금융투자의 김일훈, 유튜버 김단테(김동주 이루다투자일임 대표)의 자료나 영상 등을 참고했으며 이에 대해 감사를 전한다. 시장에 대한 정보나 뷰에 대해서는 신한은행의 오건영, 독립 투자자인 회색인간 김형균, 레드캡 택시기사 진덕기, 하나금융투자의 이재만, 삼성증권의 귀요미 김용구, SK투자증권의 이효석의 자료와 인터뷰 등을 토대로 집필했다.

함께 일했던 금융 시장 동료들에게도 감사를 전한다. 특히 송선재, 선민정, 이기훈, 박종대, 김홍식, 김록호, 이재만, 박성봉, 박무현, 김현수, 윤재성, 유재선, 심은주, 최정욱, 황승택, 김경민과는 다양한 투자 아이디어를 교류하면서 동반 성장할 수 있었다. 이 중 송선재는 사실상 숨겨진 투자 구루에 가까운데, 가깝게 지낼 수 있어 영광이었다. 또 하나금융투자를 떠났지만 신민석(현 KCGI 부사장)에게도 감사하다. 펀드 매니저들 역시 빛나는 존재가 많아 일일이 다 거론하기 어렵다. 산업 세미나를 갈 때마다 만났던 모두가 내 스승이다. 그중 DS자산운용의 이한영, 삼성자산운용의 민수아, 인피니티의 박세익, 한국투자신탁의 은치관, 오혜윤, 김수민, KTB의 이용범, 국민연금의 신영호, 유덕상, 김종우, 오인범, KB자산운용의 송종은, 노종원, NHCA의 노기영, 라쿤자산운용의 홍진채에게 감사를 전한다.

마지막으로 지난 10년간의 애널리스트 생활을 마치고 이 책이 나올 수 있도록, 작은 스타트업의 대표를 시작할 수 있도록 응원해준 우리 가족, 아내와 아이들에게도 내가 할 수 있는 최선의 감사를 전한다. 부동산으로 더 유명한 애널리스트가 감히 주식 책을 쓴다고 했을 때 흔쾌히 출간할 수 있도록 힘써준 에지 있는 출판사 비에이블에도 감사를 전한다.

건승을 바랍니다. 수고하셨습니다.

하루 만 원으로 시작하는
주식 부자 프로젝트

초판 1쇄 인쇄 2020년 9월 2일
초판 6쇄 발행 2020년 9월 14일

지은이 채상욱
펴낸이 박지수

펴낸곳 비에이블
출판신고 2020년 4월 20일 제2020-0000042호
주소 서울시 성동구 연무장11길 10 우리큐브 283A호(성수동2가)
이메일 b.able.publishers@gmail.com

ⓒ 채상욱, 2020
값 16,800 원
ISBN 979-11-909310-8-3 03320

- 이 도서의 국립중앙도서관 출판예정도서목록(CIP)은 서지정보유통지원시스템 홈페이지(http://seoji.nl.go.kr)와 국가자료종합목록 구축시스템(http://kolis-net.nl.go.kr)에서 이용하실 수 있습니다.(CIP 제어번호: CIP2020032682)